Oswald Moosmüller

Europäer in Amerika vor Columbus

Oswald Moosmüller

Europäer in Amerika vor Columbus

ISBN/EAN: 9783743325326

Hergestellt in Europa, USA, Kanada, Australien, Japan

Cover: Foto ©ninafisch / pixelio.de

Manufactured and distributed by brebook publishing software (www.brebook.com)

Oswald Moosmüller

Europäer in Amerika vor Columbus

Europäer in Amerika vor Columbus.

Nach Quellen bearbeitet

von

P. Oswald Moosmüller, O. S. B.

Venient annis
Saecula seris, quibus Oceanus
Vincula rerum laxet, et ingens
Pateat tellus. Typhisque novos
Detegat orbes
Nec sit terris ultima Thyle. — Senera.

Regensburg.
Druck und Verlag von Georg Joseph Manz.
1879.

Alle Rechte vorbehalten.

Seiner Gnaden

dem Hochwürdigsten Herrn

Wilhelm H. Gross, Dr. s. Th. C. SS. R.
Bischof von Savannah,

als schwaches Zeichen der Verehrung für Hochdessen Verdienste durch Stiftung der Benediktinermission für Farbige auf der Insel Skidaway

in tiefster Ehrerbietung

gewidmet

vom Verfasser.

Vorrede.

Wem Rafn's gründliches Werk über amerikanische Alterthümer (1) bekannt ist, oder wer die kleine deutsche Schrift las, welche Wilhelmi 1842 zu Heidelberg als Auszug obigen Werkes unter dem Titel: Island, Hvitramannaland, Grönland und Vinland, veröffentlichte, möchte geneigt sein, vorliegende Arbeit für überflüssig zu halten. Als Rechtfertigung dieser neuen Bearbeitung desselben Gegenstandes erlaubt sich der Verfasser darauf hinzuweisen, dass es ihm durch Benützung von mehreren der wichtigsten Bibliotheken Europa's und Amerika's ermöglicht wurde, einschlägige, sehr interessante Quellen für seinen Gegenstand auszubeuten, wobei er manches von Bedeutung für den katholischen Standpunkt entdeckte, der in den bisherigen Bearbeitungen der Frage wenig berücksichtiget wurde.

Was den Titel der Schrift betrifft, so hofft der Verfasser durch dessen Wahl sich nicht den Vorwurf zuzuziehen, als wolle er den Lorbeer des Ruhmes, mit dem ein nüchternes und gerechtes Urtheil die edle Stirne des heroischen Christoph Columbus bekränzt hat, von diesem Haupte nehmen; ebensowenig wird man ihm deshalb zumuthen, als wolle er die spanische Regierung in jenem Prozesse vertheidigen, in welchem sie von 1513 bis 1515 gegen Diego, den Sohn des Christoph Columbus, durch zwanzig Zeugen den Beweis zu liefern suchte, dass Columbus auf den Namen eines Entdeckers von Amerika nicht Anspruch machen könne, indem er die Kenntniss davon aus einem Buche der Bibliothek des Papstes Innocenz VIII. geschöpft habe, sowie auch aus einem Gesange Salomons, der auf einen neuen Weg nach

VII

Indien hindeutet, wobei sie zur Bestärkung ihrer schwachen Gründe noch diejenigen Angaben benützte, welche Christoph Columbus selbst zum Beweise der Glaubwürdigkeit seiner Behauptungen aufgestellt hatte.

Die Resultate genauer wissenschaftlicher Forschungen über die Beziehungen der alten Welt zum grossen amerikanischen Continent in den Zeiten des Mittelalters stossen die lange Jahre hindurch in Europa allseitig angenommene Meinung um, es seien die Länder der westlichen Hemisphäre den Europäern vor Columbus gar nicht bekannt gewesen und seien also nie von denselben besucht worden. Die Darlegung dieser Resultate mit besonderer Betonung der katholischen Missionsthätigkeit in den zu erwähnenden Länderstrichen bildet den Gegenstand dieser mit Vorliebe geschriebenen Auseinandersetzungen.

Die Missionsthätigkeit der katholischen Kirche in jenen Landen war, wie fast alle Bekehrungsarbeit unter den Heiden der damaligen Zeit, den Benediktinern übergeben. Söhne des heiligen Benedikt waren in hervorragender Weise bei den ersten Besuchen Amerika's betheiligt. Ihrem Andenken mögen die Blätter dieser Schrift ein dankbarer, liebevoller Nachruf sein und so zur Verherrlichung des ehren- und verdienstreichen Ordens, der nun bald das vierzehnhundertjährige Jubelfest seines hehren, heiligen Stifters feiert, einen geringen Beitrag liefern.

Inhalt.

Vorrede . . . . Seite V

Erstes Kapitel.

Die Stellung Islands und Grönlands zu Amerika. — Handschriftliche Quellen zur Geschichte der Entdeckung Amerika's vor Columbus. — Die Kirchengeschichte Adam's von Bremen. — Der Benediktiner Ordericus Vitalis. — Die Historiker des Nordens: Are Polyhistor, Snorri Sturleson, Are Frode, Björn Skardza. — Literarische Thätigkeit der nordischen Benediktiner . . 1

Zweites Kapitel.

Die älteste Geschichte Islands und Grönlands. — Das Thule der Alten identisch mit Island 15

Drittes Kapitel.

Entdeckung von Grönland durch Eirich den Rothen. — Geschichte Eirich's des Rothen 22

Viertes Kapitel.

Die Reise Björns, des Herjulf Sohn, nach Grönland. — Entdeckung der Ostküste Amerika's 26

Fünftes Kapitel.

Probleme über die Zeit der Einführung des Christenthums in Island und Grönland. — Hieher bezügliche Dokumente 31

Sechstes Kapitel.

Leif des Eirich Sohn wird Christ. — Einführung des Christenthums in Island und Grönland 44

Siebentes Kapitel.

Die Bischöfe von Grönland 53

Achtes Kapitel.

Die Bischöfe von Grönland. — Fortsetzung . . . 61

Neuntes Kapitel.

Authentische Beschreibung von Grönland aus dem dreizehnten Jahrhundert 70

Zehntes Kapitel.

Leif, Eirich's Sohn, unternimmt im Jahre 1000 eine Entdeckungsreise nach den heutigen Neu-England-Staaten 78

Eilftes Kapitel.

Thorwald, der Bruder des Leif, unternimmt eine Entdeckungsreise. — Die Skrällinger in Weinland. — Kampf mit den Eingebornen. — Thorwald's Tod. — Thorstein's misslungenes Unternehmen 87

Zwölftes Kapitel.

Thorfinn Karlsefne gründet eine Niederlassung in Weinland. — Freydisia, Helge und Finnboga unternehmen eine Reise dahin 94

Dreizehntes Kapitel.

Untersuchungen über Lage und Namen der von Björn und
Leif entdeckten Länder und Inseln 105

Vierzehntes Kapitel.

Ergebnisse aus der Angabe des Klima's, des Bodens und der
Naturerzeugnisse 122

Fünfzehntes Kapitel.

Die historische Gesellschaft von Providence in Rhode-Island
berichtet an die königliche Antiquitäten-Gesellschaft in
Kopenhagen über Steine mit Inschriften, welche von der
Anwesenheit der alten Normannen in Amerika Zeugniss
geben 130

Sechszehntes Kapitel.

Entzifferung eines wichtigen Theiles der Runenschrift des
Dightonsteines 138

Siebzehntes Kapitel.

Are, Sohn des Mar, in Huitra manna land. — Ein heidnischer
Isländer wird Christ in Amerika vor dem Jahre 1000 . 144

Achtzehntes Kapitel.

Björn Asbrandson wird von Gudleiv in Huitra manna land
gefunden 152

Neunzehntes Kapitel.

Ein Benediktinerkloster in Amerika im zwölften Jahrhundert 160

Zwanzigstes Kapitel.

Die Insel der sieben Städte im achten Jahrhundert. — Friesen
kommen nach Amerika im eilften Jahrhundert . . 172

Einundzwanzigstes Kapitel.

Madok, ein Fürst von Wales, gründet eine Niederlassung in Amerika im zwölften Jahrhundert 183

Zweiundzwanzigstes Kapitel.

Die Scandinaven in Brasilien. — Ein Runenstein vom Jahre 1135 auf einer der Faueninseln westlich von Grönland. — Ruinen eines Klosters und von Kirchen in Grönland . . . 190

Dreiundzwanzigstes Kapitel.

Entdeckungsreise in die arktischen Gegenden im Jahre 1266. — Wiederholte Reisen nach Markland im vierzehnten Jahrhundert 196

Vierundzwanzigstes Kapitel.

Reisen und Abenteuer der Gebrüder Nikolaus und Markus Antonius Zeno aus Venedig. — Mönche erfinden Dampfheizung im vierzehnten Jahrhundert . . . 204

Fünfundzwanzigstes Kapitel.

Untersuchung der Reisen und Abenteuer der Brüder Zeni. — Der Pole Johann von Kolmo in Labrador 1476. — Christoph Columbus bespricht sich mit einem Benediktiner, der mit den früheren Entdeckungen Amerika's bekannt ist im Jahre 1477 . . . 218

Anmerkungen . . . 231

Beilagen:

I. Stammtafel des Are Marson 237
II. „ „ ⎧ Leif und des Thorwald, der Söhne Eirich's des Rothen . . . 241
III. „ „ ⎨ Thorfinn Karlsefne und der Gudrida 245
IV. „ „ ⎩ Bishofs Thorlak und des Limerikfahrers Rafn 249

Erstes Kapitel.

Die Stellung Islands und Grönlands zu Amerika. — Handschriftliche Quellen zur Geschichte der Entdeckung Amerika's vor Columbus. — Die Kirchengeschichte Adams von Bremen. — Der Benediktiner Ordericus Vitalis. — Die Historiker des Nordens: Are Polyhistor, Snorre Sturleson, Are Frode, Björn Skardza. — Literarische Thätigkeit der nordischen Benediktiner.

Alte Monumente des europäischen Nordens liefern eine Reihe von zuverlässigen Beweisen, dass die Küsten Nordamerika's gegen Ende des zehnten Jahrhunderts entdeckt wurden. Ferner lässt sich nachweisen, dass diese Küsten im eilften, zwölften, dreizehnten und vierzehnten Jahrhundert von Norwegern, Irländern, Isländern und Grönländern theils besucht und theils auch angesiedelt wurden. Allerdings haben die ersten Entdecker den von ihnen aufgefundenen Inseln, Ländern und Meeren andere Namen als die jetzt gebräuchlichen gegeben. Derartige Namensveränderungen kann man aber nicht anders als selbstverständlich finden, um so mehr, als sogar allgemein bekannte Länder im Laufe der Zeit dasselbe Schicksal erlebten; oder zeigt uns die Karte des heutigen Europa noch ein Cimbrien, Rhätien, Norikum, Vindelicien, Panonien, Juvavia u. s. w.

Wir haben uns zunächst nach Grönland, diesem eisigkalten Land, hoch oben im Norden Amerika's, zu wenden und einen Theil seiner Geschichte kennen zu lernen, die freilich mit dem Beginne des fünfzehnten Jahrhunderts gewissermassen in's Schweigen geräth; es ist nämlich seit 1408 die Ostküste des früher mit dem lieblichen Grün des Pflanzenschmuckes reich prangenden Landes durch aufgestautes Eis für Schiffe unzugänglich geworden, und damit ist jene Stagnation des geschichtlichen Lebens eingetreten, welche sich stets als nothwendige Folge der Isolirung von Völkern und Nationen für dieselben ergibt.

Glauben auch Manche von der Geschichte Grönlands, welches sie nur für die Heimath der Eskimos zu halten gewohnt sind, nichts von Bedeutung erwarten zu können, so bietet sie doch dem Geschichtsforscher ein interessantes Feld und reichen Stoff in vielen merkwürdigen Begebenheiten.

In innigster Verbindung damit steht das nun halb vergessene Island, die kalte Insel, auf der sich schon früh eine reiche Cultur des Geistes wie des Bodens entfaltete, wovon uns ihre thätigen, lebensfrischen Chronisten im Mittelalter Zeugniss geben. Hier liegt ein edles Kleinod, das sich dem Historiker darstellt, um aus den tiefen Schachten der Vergessenheit mit kundiger Hand emporgehoben zu werden. Beide Länder werden von neuern Geographen zur westlichen Hemisphäre gerechnet, und so dürfen sie in dieser Schrift mit Recht auf eine ausführliche Behandlung Anspruch erheben.

Für die Darstellung dieser Reisen nach unbekannten Landen in der damaligen Zeit ist dem Historiker ein verhältnissmässig reiches Quellenmaterial zur Verfügung gestellt. Eine Reihe von Pergamenthandschriften ist vorhanden, in welchen mehr oder weniger Erwähnung von Amerika, selbstverständlich unter dem den Isländern geläufigen Namen, geschieht; auch eine Anzahl von Papierhandschriften, die jedoch meist nur Abschriften von alten bereits verloren gegangenen Pergamenturkunden enthalten, darf nicht unberücksichtigt bleiben.

Besonderes Lob wird der Geschichtsfreund den Isländern zu spenden haben. Nicht blos durch die Abfassung einer nach den Umständen möglichst vollständigen Geschichte der Könige und Völker des Nordens, sondern auch durch ihre Sorgfalt für Herstellung von Annalen, von denen keine geringe Anzahl bis auf unsere Zeit sich erhalten hat, verdienen die thätigen Inselbewohner die Aufmerksamkeit und das Interesse des Historikers. Den Grund zur annalistischen Thätigkeit legten auf Island die Priester Sämund und Arius der Polyhistor, welche beide an der Scheide des eilften und zwölften Jahrhunderts auf der fernen Insel blühten. Sie begannen die Jahrbücher, Andere setzten sie fort, und noch Jahrhunderte lang finden wir das rege Interesse an dieser Art des historischen Schaffens nicht erloschen. Diese Annalen wurden zum grossen Theil durch die fleissigen Hände von Abschreibern vervielfältigt. Bei der Sorglosigkeit derselben konnte freilich nicht selten der Fall mitunterlaufen, dass durch einen Schreibfehler eine unrichtige Zahl in den Text sich einschlich, oder die Worte unvermerkt und unabsichtlich einen andern

Sinn erhielten. Doch haben sich — es sei das zum Trost und zur Genugthuung den Geschichtsfreunden gemeldet, ziemlich viele der vorzüglicheren Annalen theils im Original, theils in Abschriften, die mit dem grössten diplomatischen Fleiss gefertigt wurden, durch die Stürme der Zeit gerettet.

In diesen ehrwürdigen Ueberresten isländischer Literatur findet sich nun Manches von solcher Wichtigkeit und Bedeutung für den Gegenstand dieser Abhandlung, dass wir ohne dieselben der schlagendsten und triftigsten Beweise entbehren müssten. Es wird deshalb wohl am Platze sein, die hauptsächlichsten geschichtlichen Urkunden anzuführen, auf denen, nach dem Text von Peringskjöld, und mit Benützung von Torfäus und Rafn unsere Mittheilungen beruhen.

Es sind eine Anzahl von Pergamenthandschriften der königlichen Bibliothek zu Kopenhagen, ausgezeichnet durch ihre hohes Interesse erweckenden Nachrichten über die Geschichte des Nordens, Grönlands, Islands und anderer Länder Amerika's; unter diesen ragen folgende hervor:

1) Codex Flateyensis (F). Dieser Codex in Folio, aus dem vierzehnten Jahrhundert stammend, wurde früher auf der Insel Flateya in Breidafjörd, im Norden von Island aufbewahrt. Bischof Brynjulv Sveinson von Skalholt übersandte ihn an König Friedrich III. von Dänemark. (Bischof Brynjulv wird uns weiter unten als ein um die isländischen Annalen verdienter Mann begegnen.) In der Handschrift findet sich auch, angereiht an eine Beschreibung der norwegischen Bevölkerung, eine Regententafel von Norwegen. Aus den Notizen, die dem Königsverzeichniss beigefügt sind, lässt sich die Entstehungszeit des Codex ermitteln. Es heisst nämlich hier von Olav, dem Sohne des Hakon, in der zehnten Spalte wie folgt:

„er war König, als man dieses Buch zu schreiben anfing, damals waren seit der Geburt unsers Herrn Jesu Christi eintausend dreihundert und achtzig und sieben Jahre verflossen." Die im Jahre 1387 begonnene Handschrift wurde, wie aus den später anzuführenden Jahrbüchern hervorgeht, bis zum Jahre 1395 fortgesetzt. Die äusseren Eigenschaften des Codex, Pergament, Format, Schreibart, die Technik und Zeichnung der Initialen, sowie der sprachliche Ausdruck stimmen vollkommen mit der angegebenen Zeit. Auf dem ersten Blatt steht Folgendes in isländischer Sprache: „Dieses Buch gehört dem Jon, dem Sohne des Hakon: hier sind zuerst Gedichte geschrieben, dann über die Einwohner Norwegens, hierauf über Eirich den Auswanderer, dann vom Könige Olav, dem Sohne des Tryggvas, nebst den Einzelnheiten dieser Geschichte; diesem folgt die Geschichte des Königs Olaus des Heiligen, des Sohnes des Harald, mit allen Umständen; ausserdem die Geschichte der Dynasten von den Orkney-Inseln, dann die Geschichte der Sverrer; hierauf die Geschichte des Hakon des Aeltern nebst der Geschichte seines Sohnes, des Königs Magnus; nach diesem die Einzelnheiten von dem Grönländer Einar, dem Sohne des Sokkius; dann von Helgius und Ulvus Malus; hierauf beginnen die Jahrbücher von der Erschaffung der Welt bis auf unsere Zeit. Der Priester Jon, Sohn des Thord, hat den Theil über Eirich den Wanderer und die Geschichte der beiden Olav geschrieben; und der Priester Magnus, Sohn des Thorhall, schrieb dasjenige, was folgt und was noch vorausging, auch malte er das ganze (Buch). Gott der Allmächtige und die heilige Jungfrau Maria erfreue diejenigen, welche geschrieben haben und den, der diktirt hat."

2) Codex Legati Arna-Magnaeani, Nr. 544, 4°. Er

enthält die Lebensbeschreibung des Thorfinn Karlsefne.

3) Codex Arna-Magnaeanus, Nr. 557, 4°, enthält ebenfalls das Leben des Thorfinn Karlsefne.

4) Fragment, Nr. 445, b, 4°. Inhalt: Reise des Gudleiv, eines Sohnes Gudlögs.

5) Codex Frisianus, A-M Nr. 45. Fol: Heimskringla des Snorri Sturleson, worin die Entdeckung Vinlands durch Leiv erwähnt wird.

6) Codex A-M Nr. 61. Fol. enthält die Geschichte des Königs Olav Tryggvason, in welcher ebenfalls „Vinland" erwähnt wird. Ein Abdruck des betreffenden Kapitels ist in den vierten Band des Werkes „Forumanna-Sögur" aufgenommen.

7) Codex regius annalium (R), so genannt zuerst von Arne Magnaeus, und unter diesem Titel auch von Lambeck (2) angeführt. Die Ueberschrift: „Die königlichen Annalen der Isländer" führt der Codex, weil er der königlichen Bibliothek angehört und schon vorher im königlichen Archiv aufbewahrt worden war. Die in dem ausgezeichneten, prächtig ausgestatteten Codex enthaltenen, mit vielem Fleiss geschriebenen Jahrbücher empfehlen sich besonders durch ihre Vollständigkeit. Sie beginnen mit Julius Cäsar und enden mit dem Jahre 1328. Eine und dieselbe elegante Hand lässt sich in dem Werke vom Anfang bis zum Jahre 1307 erkennen; die Fortsetzung ist weniger zierlich, jedoch im Stil der Zeit gehalten. Aus den Anfangsworten der Jahrbücher: „Es beginnt das Büchlein, welches einige Ereignisse von der Zeit des Julius Cäsar bis zum fünften Jahr der Regierung Friedrichs des Ersten enthält," lässt sich mit Grund folgern, dass der Chronist bis zum zuletzt erwähnten Jahre (1156) gelebt und die annalistische Thätig-

keit ausgeübt habe. Die Arbeit dieses ersten Chronisten wurde von seinem Fortsetzer, der die Annalen von 1156 bis 1307 fortführte, zuerst copirt und daran die Weiterführung der Jahrbücher geknüpft; so dass also eine dreimalige Redaktion der Annalen, von Julius Cäsar bis 1156, von 1156 bis 1307, und von da bis 1328 nachgewiesen werden kann. In der Handschrift finden wir die Erzählung von der Reise des Bischofs Eirich nach Vinland und den Bericht über die Entdeckungsreise der Brüder Adalbrand und Thorwald.

8) Codex Nr. 415 der sogenannten ältesten Annalen (V), von Arne Magnäus dem Anfang des vierzehnten Jahrhunderts zugewiesen. Diese Jahrbücher umfassen die Zeit vom Jahre der Geburt Christi bis zum Jahre 1313; der Zeitraum vom Jahre 1000 bis 1269 ist jedoch nicht behandelt. Da diese Annalen mit dem Jahre 1313 schliessen, und auch keine weitere Fortsetzung sich findet, so ist es sehr wahrscheinlich, dass der Codex die Original-Handschrift selbst ist. S. Langebeck, Script. R. Dan. to. II. pp. 177—199.

9) Skalholts annall hinn forni (S). Nr. 420, c, gr. 4° oder kl. Fol., achtzehn Blätter aus der Mitte des vierzehnten Jahrhunderts, eine sehr elegante Hand zeigend. Diese Blätter sind die Ueberreste der alten Skalholter-Annalen. Der uns schon bekannte Bischof Brynjulv Sveinson, welcher um die Mitte des siebzehnten Jahrhunderts lebte und mit der Sammlung seiner vaterländischen Annalen sich beschäftigte, soweit dieselben im Archiv seines Bischofssitzes zu Skalholt aufbewahrt waren, gab diesen Reliquien des Mittelalters die oben angeführte Bezeichnung. Der Anfang der Annalen, die ihren Ausgangspunkt ohne Zweifel vom Geburtsjahr des Erlösers nahmen, ist abgerissen; die Reste umfassen die

Zeit von 140 bis 1356, mit welchem Jahre die Annalen schliessen, ohne weiter fortgesetzt worden zu sein, da die letzte Seite unbeschrieben ist. Es finden sich ferner Lücken von 1013 bis 1180 und von 1265 bis 1272.

10) Codex aus der Sammlung A. M. Nr. 420 enthält die Annalen der Regierung (Praetoritii). Auch diese Urkunde bietet die Erzählung von der Reise des Bischofs Eirich nach Vinland.

11) Codex Nr. 180, b, Fol.: Geschichte des Bischofs Lorenz. Wir finden in der Handschrift die Beschreibung der Reise des Landa-Rolv nach Island.

12) Nr. 736 ist die Bezeichnung von zwei Pergamentblättern, deren dritte Seite eine kurze Beschreibung des ganzen Erdkreises enthält, wobei auch die amerikanischen Länder Helluland, Markland und Vinland aufgezählt werden.

13) Codex A. M. Nr. 192 gibt ebenfalls Aufschlüsse über die Geographie Grönlands und anderer amerikanischer Länder.

An diese Geisteserzeugnisse des hohen Nordens schliesst sich ein dem Geschichtschreiber der nordischen Länder unentbehrliches Werk an, die klassische Kirchengeschichte Adams von Bremen. Die Pergamenthandschrift dieses berühmten Buches ist im Besitz der kaiserlichen Bibliothek zu Wien. Adam von Bremen war im Jahre 1067 nach der Stadt, die ihm den Namen gab, aus Meissen gekommen und lebte dort als Kanoniker und Vorsteher der dortigen Stiftsschule (Scholasticus). Unbekannt sind Herkunft, Geburts- und Todesjahr des für jene Zeit hochgebildeten Mannes. In seiner Historia ecclesiastica ecclesiarum Hamburgensis et Bremensis (3) beschreibt der gelehrte Kanonikus die Ausbreitung des Christenthums in Nordsachsen, Dänemark, Schweden und

Norwegen und führt die Geschichte der Kirche von Bremen-Hamburg nach der Reihenfolge der Erzbischöfe fort, beginnend vom ersten Inhaber des Stuhles zu Hamburg, dem heiligen Willehad, gest. 789, bis zum Tod des Erzbischofs Adalbert 1072. Diesem Vater der nordischen Kirchengeschichte standen das Archiv von Bremen, Zeugnisse von unmittelbaren Augen- und Ohrenzeugen und noch viele andere Mittel zu Gebote, die ihm eine genaue Einsicht in die Verhältnisse der nordischen Länder, sowohl in die kirchlichen als in die politischen gewähren mussten. Adam hatte sogar eine Reise zum dänischen König Swen Estrithson (gest. 1076) unternommen, der durch Wissenschaft und durch eine vorzügliche Kenntniss der nordischen Geschichte sich auszeichnete. Dieser König lieferte ihm reichhaltiges Material zur Kirchengeschichte des Nordens durch seine mündlichen Mittheilungen. Adam beruft sich daher sehr oft auf die Aussagen dieses Gewährsmannes. In seiner zweiten Schrift „Ueber die Lage von Dänemark und der übrigen Länder, welche jenseits Dänemarks liegen" gibt er uns eine geographische Beschreibung des ganzen skandinavischen Nordens, von Russland bis zum Vinland an der Ostküste Amerika's und lässt dabei historische Bemerkungen einfliessen. Beide Schriften, zu welchen von Adam selbst und von Andern Scholien hinzugefügt worden sind, haben für die Geschichte einen unschätzbaren Werth, indem sie für viele Nachrichten die einzige oder doch die vorzüglichste Quelle bieten.

 Ein anderer Schriftsteller, beinahe ein Zeitgenosse Adams von Bremen, welcher unter Anderm auch das amerikanische Vinland in seinen Schriften erwähnt, ist der Benediktiner Ordericus Vitalis. Im Jahre 1075 zu Attingesham in England geboren wurde Orderich schon in seinem fünften Jahre von seinem frommen und kenntnissreichen Vater der Schule und dem Dienste Gottes an der Peterskirche zu Shrewsbury übergeben. Hier blieb Orderich fünf Jahre; im zehnten Jahre seines Alters liess ihn der Vater nach Frankreich in die Normandie überschiffen und brachte ihn in die Abtei St. Evroul in Ouche (Uticum). In diesem Kloster fand er eine sehr gute Aufnahme, empfing ein Jahr nach seinem Eintritt die Mönchstonsur, wurde im sechszehnten Jahre seines Alters zum Subdiakon, im achtzehnten zum Diakon und im dreiunddreissigsten zum Priester geweiht und genoss bis zu seinem Tode die Achtung und Liebe seiner Aebte und Mitmönche, die ihn als einen frommen, demüthigen, dem Kirchendienst und Studien rastlos ergebenen Mann verehrten. Sein Geschichtswerk in dreizehn Büchern nannte er Historia ecclesiastica, weil ein grosser Theil seines Inhaltes der Kirchengeschichte angehört. Es handelt vorzüglich von den Thaten der Normannen seit ihrer Niederlassung zu Rouen, sowohl in Frankreich und England als auch in Italien und Palästina, und bietet für die ältere Geschichte der Normandie sowie besonders einzelner Klöster in derselben reichen Inhalt dar, weshalb es auch für die Kirchengeschichte und die Geschichte seiner Zeit sowohl durch Umfang des Gesichtskreises als auch durch das Streben nach genauen Nachrichten eine sehr wichtige Geschichtsquelle für die Nachwelt geworden ist. Sein Werk führte Orderich, von der evangelischen Geschichte beginnend, bis zum Jahre 1141, seinem siebenundsechzigsten Lebensjahre. S. Oudini Comment. de Script. Eccl. t. II. (Lips. 1722) p. 1259.

Diese in den öffentlichen Bibliotheken von Kopenhagen und Wien Jedermann zugänglichen Dokumente bilden jedoch nur den Rest von vielen bereits verloren

gegangenen Handschriften aus der vorcolumbischen Zeit,
welche dieselben Gegenstände behandelten und von deren
Existenz wir nur aus alten Schriftstellern, von welchen
sie zu ihrer Zeit noch benützt werden konnten, Kunde
haben.

Zu den vorzüglichsten Schriften dieser Art gehört
das Buch, de origine Islandiae, des Priesters Arius, genannt der Vielwisser (multiscius), Sohn des Thorgil, um
das Jahr 1120 geschrieben. Einer der Verwandten dieses
Arius, Namens Thorkel, Sohn des Geller, war selbst mit
Eirich dem Rothen nach Grönland gezogen. In der Vorrede zur „Landnama" sagt Arius: „Auf den Wunsch
unserer Bischöfe Thorlak und Ketill (4) habe ich das
erste Buch der Isländer geschrieben und es diesen und
dem Priester Saemund gewidmet. Weil sie aber der
Meinung waren, dass der eine Theil zwar richtig sei,
der andere aber hinzugesetztes enthalte, so habe ich
dieses Buch auf solche Weise gefasst, dass ich die
Genealogie und die Lebensbeschreibung der Könige weggelassen habe. . . . . . ." Snorre äussert sich in seiner
Vorrede zur Norwegischen Chronik hierüber mit folgenden
Worten: „Der Priester Arius, der Polyhistor, hat unter
Allen zuerst in dieser Gegend die alte und neue Geschichte in norwegischer Sprache geschrieben. Im Anfange seines Buches handelt er vorzüglich über die ersten
Ansiedelungen in Island und über die daselbst aufgestellten Gesetze; hierauf spricht er von den Richtern (de
Nomophylacibus) und wie viele Jahre ein jeder das
Richteramt verwaltet habe. Dann untersucht er die Zeit,
in welcher die christliche Religion zuerst in Island eingeführt wurde. . . . . . ."

Snorri, der Sturlonide, war im Jahre 1179 in Island geboren, sein Vater, Sturlo, Sohn des Thordar, war zu Hwaonia ansässig: seine Mutter, Gudneja, war eine Tochter des Baudvar. Unter seinem Lehrer Jonas, Sohn des Loptius, Pfarrer der Kirche von Odde im südlichen Theile der Diözese Skalholt, machte er grosse Fortschritte in der Tugend und in den Wissenschaften. Später vermählte er sich mit Herdisa, Tochter des Berson von Borgamgrie aus edler Familie; bald darauf wurde er an den königlichen Hof nach Norwegen berufen und kehrte endlich nach Island zurück, wo er das Richteramt bekleidete. Er benützte seine Mussestunden, um die geschichtlichen Skalden der alten Edda, welche der gelehrte Priester Saemund Sigfusson mit seinem Collegen Are Frode, dem ältesten Geschichtschreiber des Nordens, verfasst hatte, in Prosa umzuwandeln. Snorri hatte bereits ein Alter von zweiundsechzig Jahren erreicht, als er von Gissur, dem Sohne Thorwalds, zu Reckinhulk im Jahre 1241 mit siebenzig Soldaten überfallen und ermordet wurde.

Are Frode war im Jahre 1056 in Island geboren; er studirte zu Paris und starb im Jahre 1133. (5.)

Nach Björn von Skardza hat jedoch Are nicht die ganze Landnama verfasst, sondern nur über die Niederlassungen in den westlichen und nördlichen Gegenden der Insel geschrieben; das Uebrige schreibt Björn dem Polyhistor Kolskegg zu.

Björn Jonäus von Skardza war ein berühmter isländischer Schriftsteller und Fortsetzer der Annalen. In seiner grönländischen Sammlung, welcher er eine Abhandlung über Karlsefne beifügte, führt er als Quelle für die Geschichte des Karlsefne und andere Einzelnheiten seiner Sammlung die Bücher des Richters Hoek an mit folgenden Worten: „Hoek . . . . . der dieses Hoekische Buch geschrieben hat, sammelte sehr viele Annalen, die viel Wissenswerthes enthalten, sowohl aus der Zeit vor als nach der Einführung der christlichen Religion, aus den Büchern des Bruders Gunloeg und vielen andern. Von diesem Hoek wissen wir, dass er im Jahre 1293 zum Richter erwählt wurde, mit Karlsefne im neunten Grade verwandt war und dem „Landnamabok" des Arius auch das Geschlechtsregister seiner Familie nebst andern Bemerkungen beifügte.

Björn von Skardza und Richter Hoek benützten, wie wir gesehen haben, und wie uns von ihnen selbst redlich mitgetheilt wird, die Bücher des Bruders Gunloeg. Dieser war Benediktiner der Abtei Thingeyren und schrieb unter Anderm auch in lateinischer Sprache die Geschichte des Königs Olav Tryggvin, welche später in dem Werke „Leben der Könige," Kap. 106 und 108 zu Skalholt im Druck erschien. Gunloeg, oder wie sein Name sich sonst findet, Gunlaug starb 1219. Ausser ihm findet sich noch der Mönch Oddo als Uebersetzer erwähnt, und diesem gelehrten Benediktinerpaar gesellt sich noch als dritter der Abt desselben Thingeyren, Karl Jonson, als Historiker bei. Ihm schreibt Torfacus die im eleganten Stil verfasste Geschichte des Königs Sverrer zu. (6.)

Karl Jonson wurde laut der Geschichte der Stürlunger im Jahre 1170 zum Abte geweiht; im Jahre 1185 machte er eine Reise nach Norwegen; auch im Leben Gudmunds, des fünften Bischofs von Horlum, geweiht im Jahre 1201, wird seiner erwähnt. Arid Huitfeld verspricht seine Biographie herauszugeben. So sehen wir auch in den fernen Benediktinerniederlassungen auf Island eine Thätigkeit erblühen, welche dem conservativen Geist des Ordens entsprechend, der Geschichte des gastlichen Landes ihre Aufmerksamkeit angedeihen liess. Aber nicht blos annalistisch waren die Mönche thätig, sondern sie suchten auch durch Uebersetzung fremder, ausländischer Geistesprodukte dem abgelegenen Eilande nach und nach eine wahre Geistescultur zu ermöglichen. Björn J. Skardza gibt diesen Bestrebungen Zeugniss, wenn er in der Vorrede zu seinen Annalen sagt: „Diese — die Benediktiner — verfassten die Geschichte der dänischen und norwegischen Könige. Sie waren gelehrte Mönche, welche . . . . im Kloster Thingeyren residirten. . . . . Gunlaug und Oddo, welche viele Bücher aus mehreren Sprachen in das Norwegische übersetzten." (7.)

Zweites Kapitel.

Die älteste Geschichte Islands und Grönlands. — Das Thule der Alten identisch mit Island.

Wenn wir die Geographen und Geschichtschreiber des Alterthums in Betreff der nördlich gelegenen Länder befragen, so finden wir bei den meisten von ihnen ein aus eigener Anschauung wenig bekanntes, grosses Land im hohen Norden angegeben, die „ultima Thule." Virg. Georg. I. 30. Unter den ältesten Geographen Griechenlands begegnet uns Strabo, welcher im ersten Buche seiner Geographie Folgendes aus Pytheas von Marseille entlehnt: „Thylen ist eine Insel, die sechs Tagereisen von Britannien entfernt und nahe beim Eismeere liegt." — Ferner schreibt Strabo im 2. Buche: „Polybius erzählt, dass Pytheas vorgebe, er habe zwar nicht das ganze Terrain von Britannien bereist, doch betrage der Umfang der Insel mehr als vierzigtausend (Schritte). Pytheas erzählt hierauf von Thule und jenen Plätzen in folgender Weise: Daselbst sei weder Land, noch Meer, noch Luft, sondern etwas aus diesen Zusammengesetztes, ähnlich einer Masse von Mollusken, wo Erde, Meer und Firmament zusammengrenzen und Alles zusammenhängt, und dieses sei gleichsam das Ende der Welt; es sei weder zu Fuss, noch zu Schiffe zugänglich; die Gestalt dieser Masse von Mollusken habe er selbst gesehen, das Uebrige erzähle er vom Hörensagen. Soweit Pytheas; Strabo fügt hinzu, er sei von dort zurückgekehrt und habe alle Länder Europa's, die an den Ocean grenzen, von Cadix bis Tanais (Stadt und Fluss Tanais, jetzt Don, im asiatischen Sarmatien) besucht. Polybius jedoch hält es für unglaublich, dass ein Privatmann und überdies ein armer Mann einen solchen Raum zu Wasser und zu Land durchreist habe. Eratostenes hingegen bekennt, dass er das über Britannien, Spanien und Cadix Gesagte glaube; doch sei dem Messenius mehr Glauben beizumessen, als dem Pytheas; denn jener, erzählt er, sei nur nach einer Panchaischen Landschaft (im glücklichen Arabien; wird auch dichterisch gebraucht) gesegelt, dieser aber wolle das ganze nördliche Europa bis zum Ende der Welt bereist haben: was man doch nicht glauben würde, wenn es selbst Mercurius sagte.

Unter den lateinischen Autoren gebührt des Alters wegen mit Recht der erste Platz dem Pomponius Mela, der unter der Regierung des Kaisers Claudius lebte. Dieser spricht zuerst über Britannien, dann über Irland, das er Juverna nennt, und über die Inseln, die demselben und Britannien am nächsten liegen und fährt hierauf fort: Neben Britannien liegt Irland in ovaler Gestalt u. s. w. Die Oreaden sind dreissig Inseln, durch enge Zwischenräume von einander getrennt. Sieben Hemoden-Inseln sind auf der Seite gegen Deutschland. In Thule ist es, wo die Sonne aufgeht, um lange unterzugehen, im Winter sind dort die Nächte dunkel wie anderswo, im Sommer hingegen helle, weil die Sonne schon zu hoch steht; obgleich sie selbst nicht gesehen wird, so erleuchtet sie doch mit ihrem Glanze: bei der Sonnenwende aber sieht man nicht nur einen Glanz, sondern meistentheils die Sonne selbst Tag und Nacht. De situ orbis III. 6. Plinius schreibt im 2. Buche 75. Kapitel seiner Naturgeschichte, wo er nachforscht, an welchem Orte der längste und kürzeste Tag sei: „In Britannien hat der längste Tag siebenzehn Stunden, wo die hellen Nächte im Sommer ohne Zweifel das versprechen oder anzeigen, was die Vernunft nothwendig schliessen wird. In den Tagen der Sonnenwende, wenn die Sonne näher dem Scheitel (Pole) der Erde durch den engen Umkreis des Lichtes tritt, hat das Land unter jenem Kreise fortwährend Tag für sechs Monate und ebensolange Nacht im Winter. Und dieses geschieht auf der Insel Thule, wie Pytheas von Marseille schrieb. Dieses Thule ist sechs Tagereisen gegen Norden von Britannien entfernt. . . . .

Ferner schreibt Plinius im 4. Buche 16. Kapitel seiner Naturgeschichte: „Es sind vierzig Orkaden-Inseln in mässigen Zwischenräumen von einander entfernt, sieben Acmoden- und dreissig Häbuden-Inseln; ferner liegen zwischen Irland und Britannien Mona, Monopia, Runea, Vectis, Silinus und Andros; unterhalb aber Siambis und Arantos und gegen das deutsche Meer hin liegen die Glossarien u. s. w. zerstreut. Die letzte Insel von allen, die erwähnt werden, ist Thule, auf welcher zur Zeit der Sonnenwende keine Nächte sind, wie wir schon angegeben haben, wenn die Sonne durch das Zeichen des Krebses geht, und im Gegentheile im Winter keine Tage sind. Dieses, glaubt man, geschehe fortwährend volle sechs Monate hindurch u. s. w. Eine Tagreise von Thule ist das Eismeer, welches das kronische, mare cronicum, oder auch das träge Meer, mare pigrum, genannt wird.

Den angeführten Stellen aus Plinius reihen sich noch verschiedene Erwähnungen von Thule aus den Werken anderer Klassiker an; auch in der Poesie des klassischen Alterthums wird Thule mehr als einmal erwähnt. Es genüge Claudianus und Statius zu hören. Ersterer singt im Jahre 390 nach Christi Geburt über den Erfolg des von Theodosius geführten Getischen Krieges (de III. Consul. Honor. 53.):

Famaque migrantes succincta pavoribus alas,
Secum cuncta trahens, a Cadibus usque Britannum.
Terruit Oceanum: et nostro procul axe remotam
Insolito belli tremefecit murmure Thulen.

Statius aber, der Sänger der Wälder, dreihundert Jahre älter als Claudianus, kennt Thule, wenn er im 3. Buch schreibt:

Quanquam etsi gelidas irem mansuras ad Arctos,
Vel super Hesperiae vada caligantia Thules:
(III. 5. 20.) cf. IV. 4. 62.

Thule wird ferner genannt von dem Biographen Agrikolas, dem ernsten Tacitus cap. 10.: „Hanc oram novissimi maris tunc primum Romana classis circumvecta insulam esse Britanniam affirmavit, ac simul incognitas ad id tempus insulas, quas Orcades vocant, invenit domuitque. Dispecta est et Thule, quam hactenus nix et hiems abdebat, sed mare pigrum et grave remigantibus perhibent, ne ventis quidem proinde attoli. . . . ."

Auch bei Solinus finden sich im 25. Kapitel, wo er über Britannien handelt, mit den Berichten des Plinius übereinstimmende Nachrichten. Natürlich war es die Aufgabe der Philologen, die Existenz dieses Landes nachzuweisen. Der berühmte Gelehrte Jsaak Casaubonus, der gründliche Kritiker der Werke eines Polybius, Strabo und so mancher andern Autoren des klassischen Alterthums, hat Thule einfach für Island erklärt. Wohl unbewusst nahm der wegen seiner unberufenen Kritik der Annalen des Cardinal Baronius von Pagi gründlich zurechtgewiesene Philolog Casaubon mit dieser Erklärung nichts Anderes an, als was Adam von Bremen lange Zeit vor ihm behauptete. Aus der Beschreibung Thule's, die uns aus der Feder des Claudius Ptolomäus (grad. 62. 63.) erhalten ist, und mit welcher auch die von dem grossen englischen Mönch, Beda dem Ehrwürdigen, gegebene Schilderung übereinstimmt, können wir ebenfalls keine andere Folgerung ziehen, als dass Island unter Thule zu verstehen ist.

All' diesen Autoritäten steht ein isländischer Schriftsteller, Arngrim Jonson, mit der Behauptung gegenüber, dass das Thule der Alten nicht identisch mit Island sei. Als Grund für seine Behauptung führt er an, dass er in allen isländischen Urkunden und in allen Ueberlieferungen seines Insellandes nur drei Benennungen des Eilandes entdecken könne: Snoeland, Gardholm oder Gardersholm und Island. Gegen diesen Einwand des Schriftstellers auf und über Thule dürfte wohl entgegnet werden, dass Island diesen Namen Thule seit unvordenklicher Zeit, lange, ehe es selbst bewohnt war, führte. Und wenn noch im Jahre 825 bei Dicuilus Island unter dem Namen Thule auftritt, so zeigt dieser Umstand doch so ziemlich wahrscheinlich eine fortlaufende Tradition in Betreff dieses Punktes an, die schwerlich entkräftet werden kann.

Die ersten geschichtlich nachweisbaren Bewohner von Thule-Island.

Für die historische Darstellung der ersten Niederlassungen auf Island fand sich das meiste Material, wie wohl angenommen werden darf, in Irland. Die Irländer, die damals so glücklichen und mächtigen Bewohner der „Insel der Heiligen", waren schon früher als die Normannen nicht nur nach Island, sondern auch nach Amerika gekommen. Leider ist der grösste Theil der alten irischen Manuscripte, deren Inhalt auf unsern Gegenstand sich bezieht, vernichtet, und so sind wir nur über folgende Thatsachen unterrichtet (8). Als die Normannen zuerst aus Norwegen nach Island kamen, trafen sie daselbst Menschen, die sie Papas nannten, und welche Christen waren. Aus Scheu vor den eingedrungenen Heiden, wie es scheint, zogen jene bald von der Insel ab, liessen jedoch Bücher in irländischer Sprache, einige Glöckchen und Krummstäbe zurück. Es sei hier bemerkt, dass Einige aus dem Umstande, dass diese ersten Christen auf Island von den Chronisten Westmänner genannt wurden, schliessen wollten, dass sie von Grossirland, Irland it mikla, oder Huitra manna land, d. i. Land der weissen Männer (wovon weiter unten bei der Geschichte des Are Marson und Asbrandson Näheres zu finden ist), gekommen seien. Im Jahre 825 schrieb der irische Mönch Dicuilus (9), dass dreissig Jahre vorher, also um 795, einige Geistliche nach Island, welches er, wie oben bemerkt, Thule nennt, sich begaben und vom letzten Januar bis zum ersten August daselbst blieben. Darf man der Schrift dieses Mönches Glauben schenken, so zeigen englische Schriften an, dass in jener Zeit häufige Schifffahrt zwischen diesen Ländern betrieben wurde. So heisst es in der angeführten Schrift desselben Dicuilus S. 30, dass vor hundert Jahren, d. i. 725, irische Geistliche viele Inseln besucht haben, die im nördlichen Meere von Britannien liegen, und die von den nördlichen Inseln Britanniens so weit entfernt sind, dass man mit günstigem Winde und bei vollen Segeln zwei Tage und zwei Nächte zu fahren hatte.

Im Jahre 861 kam der Norwege Nadod von den Faröern aus nach Island und nannte es Snoeland = Schneeland; zwei Jahre darauf erhielt es von dem Schweden Gardar den Namen Gardarsholm, und als endlich der Seeräuber Flocke daselbst landete, wurde es Island genannt. Wohlhabende und mächtige Ansiedler erhielt Island erst, als Harald Harfagr (Schönhaar) nach einem zwanzigjährigen Krieg in der grossen Schlacht im Hafursfjord beim heutigen Christiansund im Jahre 885 die vereinigte Flotte der norwegischen Stammfürsten besiegte und Alleinherrscher von Norwegen wurde. Nach diesem Ereignisse wanderte nämlich ein Theil der Fürsten aus und suchte sich auf den Orkney Inseln und den Faröern, auch in Island, sowie in Irland und England neue Sitze. Daher erklärt sich auch die Verwandtschaft zwischen mehreren Vornehmen dieser Länder, die wir im Verlaufe dieser Geschichte öfters zu erwähnen Gelegenheit haben werden. Die neuen Ansiedler begründeten in Island einen blühenden Freistaat, welcher um das Jahr 1090, wo der Bischof Gizor des Zehentes wegen eine Zählung und Schätzung vornehmen liess, bereits viertausend fünfhundert sechzig Bauernhöfe zählte.

Drittes Kapitel.

Entdeckung von Grönland durch Eirich den Rothen. — Geschichte Eirichs des Rothen.

In der ersten Hälfte des zehnten Jahrhunderts, also zwischen 900 und 950, wanderte auch Thorwald, ein Sohn Oswalds, Enkel Ulv's und Grossenkel des Oexnathorer, mit seinem Sohne Eirich (= Errich, Heinrich von Herr und reich) Raude (= dem Rothen) nach Island aus oder musste vielmehr wegen eines Mordes aus Jadar (jetzt Jaederen, im westlichen Theile von Rogaland in Norwegen) entfliehen. Sie liessen sich zu Dranga in Hornstrand im nordwestlichen Theil von Island nieder. Nach dem Tod Thorwalds, seines Vaters, heirathete Eirich die Thorhild, die Tochter des Jörund und der Thorbjarga Knarrarbringa; Jörund war der zweite Sohn des Ulv. Er erhielt von ihr drei Söhne, Leif, Thorwald und Thorstein und eine Tochter Freydisa. Eirich verlegte dann

seinen Wohnsitz vom Norden nach Vasthorn an einen
Platz, der nach ihm Eirichstad genannt wurde. Als
jedoch daselbst ein Mord vorfiel, sah er sich genöthigt,
gegen Westen nach Breidafjörd zu ziehen, wo er sich in
Oexneya eine Wohnstätte wählte. Ein Streit, der zwischen
seinen und den Leuten des Thorgest entstand, wobei auf
Eirich's Seite Styr, Thorgrim's Sohn, Eyulv von Svineya,
die Söhne des Brand von Alptafjörd und Thorbjörn,
Vivil's Sohn, standen, während die Söhne des Thord
Geler und Thorgeier von Hitardal zu Thorgest hielten,
führte die Auswanderung Eirich's aus Island herbei. Auf
dem Gerichtstag zu Thorsmes für schuldig erklärt und
auf drei Jahre verbannt, segelte nämlich Eirich im Frühjahre 982 von Snaefellsjökul auf einem Schiff, das er in
der Eirichswogo in Bereitschaft gehalten hatte, ab. Styr,
Thorgrim's Sohn, begleitete ihn mit seinen Leuten bis
über die Inseln hinaus und erhielt von Eirich die Mittheilung, dass er die Absicht habe, jenes Land aufzusuchen, welches Gunbjörn, der Sohn des Ulv Kraka, im
Jahre 877 gesehen hatte, als er durch einen Sturm in
den westlichen Ocean verschlagen wurde; habe er das
Land gefunden, so werde er noch einmal zurückkehren,
um seine Freunde zu besuchen. Eirich war damals
siebenundvierzig Jahre alt. Noch im nämlichen Sommer
erreichte er Grönland, wo er den ersten Winter ungefähr
in der Mitte der östlichen Küste zu Eirichseya zubrachte.
Im folgenden Frühjahr drang er in die Eirichsfjörd ein
und schlug daselbst seinen Wohnsitz auf. In diesem
Sommer (983) machte er eine Reise nach den westlichen
Küsten und gab vielen Plätzen Namen. Das zweite Mal
(von 983—984) überwinterte er auf den Inseln (Holmen)
bei Hafusgnip, im dritten Sommer kehrte er endlich nach
Island zurück, wo er in Breidafjörd landete.

Da bereits Plinius der Aeltere und nach ihm Beda der Ehrwürdige die Thule oder Island zunächst umgebende See das cronische Meer (mare cronicum) nannten, so lag es auch nahe, dass diejenigen, welche zuerst dieses Meer durchsegelten und Land entdeckten, wie z. B. der kurz vorher genannte Gunbjörn, das Land auch Cronland oder Gronland nannten. Eirich hingegen gab dem Lande den Namen Grünland, wegen der grünen fetten Wiesen, die er dort fand, und wie er selbst gestand, um durch einen reizenden Namen Einwanderer in sein grünes Land zu locken.

Die Zeit seines Aufenthaltes in Island während des Winters 984—985 muss Eirich eifrig benützt haben, um seine neue grüne Heimath mit lebhaften Farben den Isländern zu schildern, denn bis zum Sommer 985 war die Zahl derjenigen, welche sich entschlossen hatten, nach Grönland auszuwandern, so sehr gewachsen, dass die Emigranten nebst ihren Habseligkeiten an Vieh und Hauseinrichtung fünfundzwanzig Schiffe füllten, welche aus den zwei Buchten Breidafjörd und Borgafjörd zur See gingen (10.). Sie nahmen Pferde, Kühe und Ochsen mit nach Grönland, Thiere, welche in unserer Zeit ihr Leben in jener Gegend nicht mehr fristen können (11.). Doch von allen diesen Schiffen, deren Zahl Rafn, gestützt auf Arius Polyhistor, und Andere auf fünfunddreissig steigern, waren nur vierzehn so glücklich, das nicht mehr als zweihundert englische Seemeilen von der Westküste Islands entfernte Grönland zu erreichen. Weitere Nachrichten über das Schiksal der übrigen Schiffe sind nicht auf uns gekommen. In Grönland angelangt, schlug Eirich seinen Wohnsitz zu Brattalid in Eirichsfjörd auf. Nachdem die mit ihm gekommenen Ansiedler ihre Wohnplätze gewählt hatten, wurde Eirich als Schutzherr und

Friedensrichter von ihnen angesehen; er schlichtete, wie die Chronik meldet, die Angelegenheiten der Ansiedler mit Mässigung. Einige Familien liessen sich an der westlichen Küste Grönlands nieder. Von folgenden Familienhäuptern kennen wir aus den Quellen die Namen der Niederlassungen: Ketil siedelte sich in Ketilsfjörd an; Rafn in Rafnsfjörd; Sölvius ging nach Sölvadal; Helgius, der Sohn Thorbrand's, bebaute Alptafjörd; Thorbjörn Glora wählte Siglufjörd; Einar bezog Einarsfjörd; Haugrim nahm Haingrimsfjörd und Vatnahverf; Arnloeg Arnloegsfjörd; Herjulf endlich liess sich in Herjulfsfjörd nieder und nannte seinen Wohnsitz Herjulfnes.

Von diesen neuen Colonisten ist der letztgenannte Herjulf, Sohn des Bard, eine in unserer Darstellung nicht zu übergehende Persönlichkeit. Sein Grossvater Herjulv hatte in Island von seinem Vetter Ingolv das Terrain von Vogum und Reykjanes erhalten. Seinen Hauptsitz hatte Herjulf Bardson in Drepstottk auf Island innegehabt. Von seiner Gemahlin Thorgerde hatte er einen Sohn erhalten, der den Namen Björn führte und dessen Geschicke uns im nächsten Kapitel beschäftigen werden. In der neuen Heimath in Grönland war neben Eirich dem Rothen Herjulf zu Herjulfnes der reichste und angesehenste Mann.

Eirich's Tochter, Freydisa, vermählte sich mit Thorward, der seine Wohnstätte in Gardar, dem nachmaligen Bischofssitz Grönlands aufschlug.

Viertes Kapitel.

Die Reise Björns, des Herjulf Sohn, nach Grönland. — Entdeckung der Ostküste Amerika's.

Eine gewaltige Reiselust, eine unüberwindliche Begierde, fremde Menschen und Länder aus eigener Anschauung kennen zu lernen, zeichnete den jungen strebsamen Sohn Herjulf's aus. Auf seiner kalten Insel fand er nicht, was sein Herz begehrte; im Kreise seiner Verwandten und Stammesgenossen, im gewöhnlichen Alltagsleben litt es den begabten jungen nordischen Recken nicht; es zog ihn mächtig fort, Ehre und Reichthum waren die unwiderstehlichen Pole, von denen das kühne Gemüth vom heimathlichen Herde sich hinwegziehen liess. Nachdem er, durch verschiedene Umstände begünstigt, sich in den Besitz eines Kauffarteischiffes gesetzt hatte, liess er sich nicht abhalten, die günstige Jahreszeit zu Fahrten nach fremden Ländern zu benützen, während er

die für die Schifffahrt ungünstigen Wintermonate im
väterlichen Hause verlebte. Als nun Björn auf einer
dieser Reisen eben in Norwegen sich aufhielt, fand der
im vorhergehenden Kapitel erzählte Besuch Eirich's nach
einer dreijährigen Verbannung in Island statt; und in
Folge dessen entschloss sich auch der Vater unsers
Björn, Herjulf Bardson, mit Eirich nach Grönland auszuwandern; der Entschluss liess nicht lange auf die
Ausführung warten. Während Björn bei seiner Ankunft
gehofft hatte, nach langer Abwesenheit seinen Vater
begrüssen zu können, musste er die Abreise desselben
erfahren; diese Nachricht berührte ihn schmerzlich. Doch
die kräftige Natur des nordischen Recken war auch die
Trägerin eines muthigen Sinnes. Sein Schiff, das in
der Bucht von Eyrar vor Anker lag, liess er nicht aus-
laden, und seinen Matrosen auf ihre Frage, was er jetzt
zu thun gedenke, entgegnete er, er wolle seiner Gewohnheit gemäss auch diesen Winter bei seinem Vater zu-
bringen. „Ich will," erklärte er weiter, „meinen Curs
nach Grönland nehmen, wenn ihr mich begleiten wollt."
Alle gaben ihre Zustimmung zu diesem Vorschlag. Björn
glaubte jedoch die Schwierigkeit und Gefahr des Unternehmens seiner Schiffsmannschaft nicht verhehlen zu
dürfen: „Unsere Reise scheint eher tollkühn zu sein,
denn keiner von uns hat jemals das grönländische Meer
befahren." Doch wohlgemuth lichteten sie die Anker
und fuhren muthig hinaus in die hohe See. Auf dem
Schiffe Björns befand sich auch ein Christ und zwar,
wie uns berichtet wird, ein Mönch aus einem Kloster
von den Hebrideninseln. Ihm verdanken wir die Hafgar-
dingadrapa, d. i. Meerumzäunungenlied.

Lauschen wir den Klängen dieses christlichen Barden-
gesanges in seiner Schlussstrophe:

„Den Prüfer der Mönche,
Den Kenner der Gefahr,
Bitte ich, dass er begünstige meine Reise.
Möge der Herr,
Der Himmel und Erde erhält,
Mich mit seiner Rechten beschütze."

Dieses einfache, herzliche und dennoch so erhabene Lied, gedichtet und gesungen auf schwankendem Schiff mitten in den Schrecken des arktischen Oceans, mag vielleicht noch oft über die Fluthen hin erschollen sein, besonders dann, wenn christliche Missionäre hinfuhren in's fremde, unbekannte Land, umgeben von der majestätisch furchtbaren Meeresfluth. Unter Meerumzäunungen verstand man eine dem grönländischen Meere eigenthümliche Art der Brandung, die von den Schiffern für sehr gefährlich gehalten wurde. Der Text dieses Liedes findet sich in der Heimskringla aus der Edda 49, im Leben König Olaf Tryggvasons Kapitel 104.

Die Schrecken des Meeres sollten nicht ausbleiben. Nachdem die kühnen Seefahrer Islands Küste verlassen hatten, trat ein Nordwind ein. Hierauf geriethen sie in dichte Nebel, die das Schiff während einer mehrtägigen Fahrt umgaben, so dass die wackeren Schiffer vollständig den Curs verloren. Als das Wetter sich aufheiterte, segelten sie noch einen Tag und eine Nacht weiter; da erblickten sie endlich ein Land ohne Berge, nur in sanften Anhöhen sich dahinziehend, und mit Waldungen überwachsen. Doch es war nicht das Ziel der Reise, denn Grönland war ihnen anders geschildert worden; sie liessen es zur Linken. Nachdem sie zwei Tage weiter gesegelt waren, erblickten sie ein anderes Land, welches flach und mit Waldung bedeckt war. Nun suchten sie abermals die hohe See zu gewinnen und ein günstiger

Südwestwind schwellte drei volle Tage hindurch die
Segel, bis ihnen ein drittes Land in Sicht kam, welches
hoch lag, bergig und eisbedeckt war. Eine Fahrt der
Küste entlang überzeugte Björn, dass das Land eine
Insel sei; da er es aber nicht sehr einladend fand, so
landete er nicht, sondern steuerte bei derselben günstigen
Windrichtung weiter. Endlich sollte ihr Muth gekrönt
werden. Nach einer Fahrt von vier Tagen erreichten sie
bei scharfer Seebrise Herjulfsnes in Grönland. In der
Bucht fanden sie ein Boot und nicht weit davon die
Wohnung Herjulfs. Björn hatte seinen Vater wiedergefunden,
um ihn bis zu dessen Tod nicht mehr zu verlassen.
Nach dem Hinscheiden Herjulfs nahm er Besitz
von seinem Erbe. In einem späteren Kapitel werden
wir auf diese Reise Björns wieder zurückkommen und
sie einer genauen Untersuchung unterziehen. Wahrscheinlich
in das Jahr 994 muss eine Reise verlegt werden,
die Björn nach Norwegen unternahm, wo er dem Fürsten
Eirich über seine Reisen und Erfahrungen Bericht erstattete,
aber auch von Vielen sich Vorwürfe gefallen
lassen musste, weil er die erwähnten Länder genauer
zu untersuchen versäumt hatte.

 Fürst Eirich, den wir soeben genannt haben, spielte
in der Geschichte des scandinavischen Nordens später
eine bedeutende Rolle. Er war einer der geflüchteten
Söhne des Jarl Hakon. Mit seinem Bruder Swen, mit
dem König Swen Gabelbart von Dänemark und mit dem
schwedischen Olaf Schooskönig schloss er ein Bündniss
gegen Olaf Tryggvason, seit 995 König von Norwegen.
Die Verbündeten besiegten ihn am 9. September 1000
in einer Schlacht, die entweder bei Swolder an der pommerischen
Küste oder in Oeresunde zwischen Seeland und
Schonen, geliefert wurde. Als König Olaf Tryggvason

Alles verloren sah, stürzte er sich bewaffnet, wie er war, von seinem Schiffe aus (dem „langen Wurm") in's Meer. Die Sage lässt ihn durch Untertauchen gerettet werden, dann eine Wallfahrt nach Rom und Jerusalem antreten und ihn als Abt in einem syrischen oder aegyptischen Kloster noch ungefähr zweiundvierzig Jahre leben. (Siehe Tappehorn, L. d. heil. Ansgar 258.) Eirich und Swen erhielten nach diesen Vorgängen den grössten Theil von Norwegen als Lehen.

Fünftes Kapitel.

Probleme über die Zeit der Einführung des Christenthums in Island und Grönland. — Hieher bezügliche Dokumente.

Ehe wir die Entdeckungsreisen weiter verfolgen haben wir das für Island und Grönland wichtigste Ereigniss, die Einführung des christlichen Glaubens, in's Auge zu fassen. Was die Anwesenheit christlicher Bewohner auf Island betrifft, so führten wir bereits die Stelle aus Dicuilus an, dass Christen, die von Westen her gekommen waren, auf Island wohnten, und dass im Jahre 795 einige Geistliche von Irland nach Island sich begaben, wo sie sich acht Monate aufhielten. Dicuilus schrieb dieses im Jahre 825. In Bezug auf Grönland stimmen zwar alle Historiker, die sich mit der Geschichte dieses Landes beschäftigen, darin überein, dass im Jahre 1000 die Christianisirung Grönlands als vollendet betrachtet werden darf; aber die Ansichten über die Zeit der ersten Missionsthätigkeit auf Grönland gehen sehr auseinander. So lassen Arngrim Jonas, Theodor Thorlac und Torfaeus die Einführung des Christenthums in Grönland mit der Rückkehr des Leif, des ältesten Sohnes Eirich's des Rothen, beginnen, welcher im Jahre 999 in Drontheim mit seiner ganzen Schiffsmannschaft auf die Bemühungen des Königs Olaf Tryggvason hin den christlichen Glauben angenommen hatte. Mag nun auch der Einfluss der mächtigen Familie Leif's die Arbeiten der Glaubensboten kräftig unterstützt haben, so wird doch die Bekehrung der heidnischen Ansiedler Grönlands innerhalb eines einzigen Jahres nur als möglich, aber kaum als wahrscheinlich angenommen werden dürfen.

Andere Autoren, wie Messenius (17), Bussäus (18), Pontanus (19) u. s. w. stellen nicht blos Hypothesen auf, sondern beweisen durch Dokumente, dass man im neunten Jahrhundert sowohl von der Existenz Islands und Grönlands Kenntniss hatte, als auch für deren Bekehrung besorgt war. Obwohl diese Dokumente uns keine Einzelnheiten liefern über die Namen der Missionäre und die Zeit, wann sie dahin abgeschickt wurden, so bezeugen sie doch, dass bereits im Jahre 834 Island und Grönland der geistlichen Jurisdiction des Erzbischofes von Bremen-Hamburg unterworfen wurden, wodurch diesem zugleich auch die Sorge für deren Bekehrung anvertraut wurde.

Diese Dokumente sind 1) die Stiftungsurkunde des Erzbisthums Hamburg, ausgestellt im Jahre 831 durch Kaiser Ludwig den Frommen. Schon Karl der Grosse, der gewaltige Schirmherr der Kirche in jenen Zeiten, hegte den frommen Wunsch, in Hamburg ein Bisthum zu errichten, welches ein Central- und Stützpunkt der nördlichen Mission sein sollte. Leider war es dem mächtigen Fürsten nicht mehr gegönnt, diesen grossartigen, für die Christianisirungsthätigkeit im hohen Norden so wichtigen Plan zu verwirklichen; Ludwig dem Frommen war es vorbehalten, die Idee seines Vaters durch die Gründung der Metropole von Hamburg in's Werk zu setzen. Das Stiftungsdiplom ist abgedruckt in Erpold Lindenburgs Sammlung nordischer Schriftsteller, welche einen Theil des Lambeck'schen Werkes „origines Hamburgenses" bildet (12).

Diese Urkunde lautet:

Im Namen unsers Gottes und Heilandes Jesu Christi. Ludwig, durch Gottes Huld und gnadenreiche Güte Kaiser.

Wenn schon das Interesse unserer zeitlichen Oberherrschaft uns auf die Pflicht hinweist, für die besondern Bedürfnisse eines jeden Gläubigen, als ob sie unsere Anliegen seien, im Voraus Rechnung zu tragen oder denselben nachzukommen, um wie viel mehr ist es im Hinblick auf die uns obliegende Sorge für das Allgemeine recht und billig, für die katholische und apostolische Kirche, die Christus mit seinem kostbaren Blut erkauft und deren obersten Schirm und Schutz er uns anvertraut hat, eine fromme, gewissenhafte und allseitige Sorgfalt zu bethätigen, insbesondere aber geziemenden Eifer für ihr Wachsthum und ihre Erhöhung an den Tag zu legen und mit neuen, ihren Bedürfnissen, ihren Leistungen und ihrer Würde entsprechenden Mitteln neue, dringend nothwendige und vortheilhafte Unternehmungen zu unterstützen. Daher bringen wir den in der Gegenwart und Zukunft lebenden Söhnen der heiligen Kirche Gottes zur Kenntniss, wie in diesen unsern Zeiten unter dem Walten göttlicher Huld in den nördlichen Gegenden, nämlich bei den Völkerschaften der Dänen, Schweden, Norwegern, auf Faröern, bei den Grönländern, Helsingländern, Isländern, Scridfinnen und allen im Norden lebenden Völkerstämmen durch himmlische Gnade das grosse Thor der Predigt und der Auserwählung geöffnet wurde, so dass die zum Glauben Christi allenthalben bekehrte Menge nach den himmlischen Geheimnissen und den Gnadenmitteln der Kirche sehnsuchtsvoll verlangt. Deshalb sagen wir dem Herrn unsern Gott unaussprechlichen Dank und preisen ihn, weil er in unsern Tagen und durch unsere Bemühungen der heiligen Kirche, seiner Braut, Verbreitung und Aufnahme in unbekannten Landen verleiht. Indem wir deswegen in Uebereinstimmung mit den Priestern und allen Gläubigen unsers Reiches dieses für eine Gottes würdige Angelegenheit halten, erachteten wir es für billig und für eine höchst nothwendige, der künftigen Stellung der Kirche dienliche Anordnung, einen passenden Platz in unserm Reich ausdrücklich auszuwählen, um dort durch dieses unser oberherrliches Machtgebot einen erzbischöflichen Stuhl zu errichten, damit von diesem Sitze aus alle jene uncivilisirten, barbarischen Völkerstämme die Weide des ewigen Lebens in grösserer Fülle und leichter zu erreichen im Stande seien und die nach Heil Dürstenden die Gnade vor sich hätten. Ueberdies soll auch der Eifer unserer grossen Ahnen, Heiliges zu gewinnen, in unserer Zeit nicht erkalten. Hat ja unser Vater, glorreichen Andenkens, Karl, ganz Sachsenland der Religion und der Kirche unterworfen und vom Joche Christi den wilden Gemüthern, nachdem er sie mit Schwertesgewalt bezwungen, bis zu den Grenzgebieten der Dänen und Slaven Kunde gebracht. Als er nun sah, wie hier, zwischen den beiden Völkerstämmen der Dänen und Wenden der am äusersten Ende gelegene Bezirk Sachsens, verschiedenen zeitliches und ewiges Wohl

bedrohenden Gefahren ausgesetzt sei, beschloss er die Errichtung eines bischöflichen Stuhles. . . . .
. . . .
Wir wollen daher, dass besagter Sitz und das erwähnte Kloster unter vollster Obhut und mit der Beobachtung der Freiheit von Abgaben bestehen möge; dass es dem vorgenannten ehrwürdigen Erzbischof, seinen Nachfolgern und der gesammten Geistlichkeit, die sich unter der Jurisdiction derselben befindet, möglich sei, ungestört dem Dienste Gottes zu leben und für uns, für unsere Nachkommen und für das Wohl unsers ganzen Reiches Gottes Barmherzigkeit anzuflehen. Und auf dass diese Verfügung auf immer Rechtskraft besitze, haben wir sie mit eigener Hand bestätigt und befohlen, die Urkunde mit unserm Siegel zu versehen.

Der Notar Hirnimar hat sie an der Stelle Theodors revidirt. Gegeben am 15. Mai im einundzwanzigsten Jahre der Regierung Ludwigs, des frömmsten Kaisers, als die Römerzinszahl XV war. Und so glücklich im Namen Gottes vollbracht im königlichen Palast zu Aachen. Amen. Im Jahre unsers Herrn Jesu Christi 834.

Zum ersten Erzbischof von Hamburg wurde ein Benediktiner aus der Abtei Corbei (Neu-Corvey), der heilige Ansgar (13) (Anschar) gewählt. Dieser hatte bereits sieben Jahre unter unsäglichen Schwierigkeiten, aber mit reichem Erfolge in den nordischen Missionen gewirkt; seine bischöfliche Consecration erhielt er durch Erzbischof Drogo von Metz unter Assistenz der Erzbischöfe Ebbo von Rheims, Hetti von Trier und Otgar von Mainz, sowie der Bischöfe Willerich von Bremen und Helmgaud von Verden. Zu seinem Unterhalte wurde ihm vom Kaiser die Abtei Turholt (jetzt Thourout in Westflandern) angewiesen. Dieses geschah bereits im

Jahre 831; aber durch die traurigen Zwistigkeiten zwischen dem Kaiser und seinen Söhnen wurde die Ausstellung und Bestätigung des Diploms bis auf den 15. Mai 834 verschoben. Nach dem Empfang der Bischofsweihe begab sich Ansgar, begleitet von drei kaiserlichen Gesandten, den Bischöfen Bernold von Strassburg und Ratold von Verona und dem Grafen Gerold nach Rom zu Papst Gregor IV., um sich einerseits die höchste Bestätigung vom obersten Hirten der Kirche zu erwirken, andererseits um an den geheiligten Stätten Roms freudigen opferwilligen Muth und Hilfe für die schweren Arbeiten, die seiner harrten, sich zu erflehen. Der Papst ertheilte dem demüthigen Mönch von Corbei das Pallium und zeichnete ihn mit der Würde eines apostolischen Legaten für die Schweden, Dänen und andere nordische Völker aus. Den Text der Bulle, in welcher dieses wichtige Amt an Ansgar übertragen wird, geben wir hier in deutscher Uebersetzung (14) als das zweite Dokument:

Gregorius, Bischof, Knecht der Knechte Gottes.

Wir bringen zur Kenntniss aller Gläubigen, dass der erlauchteste König Karl, seligen Andenkens, zur Zeit unserer Vorgänger vom göttlichen Geist angetrieben, das Volk der Sachsen dem Dienste Gottes unterwarf und vom süssen und leichten Joch Christi den wilden Gemüthern Kunde brachte bis zu den Grenzgebieten der Dänen und Slaven, nachdem er sie mit Schwertesgewalt überwältigt hatte. Dann hatte er beschlossen, dass der entlegenste Theil seines Reiches — Transalbien, welcher todesbringenden Gefahren durch die Heiden ausgesetzt war, durch die strenge Obhut eines eigenen Bischofs befestigt werde, damit es nicht wieder zum Götzendienst

zurückfalle, theils auch aus dem Grunde, weil es als der
geeignetste Platz erschien, um von da aus noch andere
Völker (für den Glauben) zu gewinnen. Aber da sein
Tod die Ausführung dieses Planes verhinderte, so wurde
unter seinem erlauchtesten Sohn und Nachfolger, dem
Kaiser Ludwig, die fromme Absicht des seligen Vaters
wirksam zu Ende geführt. Diese Verhandlung aber
wurde uns durch die ehrwürdigen Bischöfe Ratold und
Bernold, sowie durch den achtungswürdigen Grafen und
Sendboten Gerold zur Bestätigung überbracht. Wir an-
erkennen hiemit alle dort getroffenen, der Sache Gottes
würdigen Massregeln und ebenso die frommen Absicht der
grossen Kaiser, davon in Kenntniss gesetzt durch unsern
gegenwärtigen Sohn Ansgar, den ersten Bischof der
Nordalbinger, der durch Drogo, den Bischof von Metz,
die Consecration erhielt; und sowohl durch diese Bulle,
als auch durch die Verleihung des Palliums haben wir
nach der Gewohnheit unserer Vorgänger zu bestätigen
geruht, in wie weit mit solcher Autorität begabt unser
obengenannter Sohn und dessen Nachfolger im Werk der
Bekehrung der Völker gegen die so mächtigen Anfeind-
ungen des Teufels auftreten möge.

Deshalb ernennen wir den genannten Ansgarius
selbst, unsern Sohn, zum Legaten bei allen ringsum-
gelegenen Völkerschaften, den Dänen, Schweden, Norwegern, bei den Faröern, Grönländern, Helsingländern,
Isländern, Serichfindern, Slaven, kurz wo immer in jenen
Gegenden die göttliche Huld das Thor eröffnet, indem
wir beschliessen, ...
. . . . vor dem Leib und der Confessio
(Begräbnissstätte) des heiligen Petrus ertheilen wir die
öffentliche Vollmacht, das Evangelium zu predigen; und
erklären, dass der Nordalbingische Bischofsitz, genannt

Hammaburg, zu Ehren des Heilandes und seiner heiligen und reinsten Mutter und allzeit Jungfrau Maria geweiht, von nun an ein erzbischöflicher sein soll. Die Wahl aber der nachfolgenden Priester übertragen wir einstweilen, bis die Zahl der zu weihenden Bischöfe aus den (bekehrten) Völkern selbst gewonnen werden kann, der hehren Obsorge des Kaisers. Es soll aber zur Nachfolge stets die Persönlichkeit eines tüchtigen Predigers, der für eine so hohe Würde fähig ist, ausgewählt werden. Alles, was von dem verehrungswürdigen Fürsten in frommer Absicht zu diesem Gottes würdigen Zweck bestimmt wurde, bestätigen wir durch unsere Autorität. . . . .
. . . . Und weil dich, theuerster Sohn Ansgar, die Gnade Gottes auf einen neuen Stuhl als Erzbischof gestellt hat, so verleihen wir dir zur Feier der heiligen Messen das Pallium und gestatten dir es in deinen Tagen zu tragen und die deiner Kirche für immer bleibenden Privilegien zu gebrauchen. (. . . . . .)

Möge die heilige Dreifaltigkeit dein Leben unversehrt bewahren und dich nach der Bitterkeit dieser Zeiten zur ewigen Seligkeit führen. Amen. Dat. 835.

Ein drittes Dokument ist eine Bulle des Papstes Nikolaus V., datirt vom 20. September 1448, erlassen bei Ernennung eines Bischofes für Grönland. In derselben spricht Nikolaus V. davon, dass das Evangelium bereits um die Mitte des neunten Jahrhunderts den Grönländern und Isländern gepredigt wurde und erwähnt eine beinahe sechshundertjährige Thätigkeit der Kirche in Grönland (15).

Das vierte Dokument bildet ein Hymnus auf das Fest des heiligen Ansgar im Missale des Hochstiftes Bremen, welches im Jahre 1511 die Presse verliess. Der betreffende Hymnus, auf Folio CLVIII des Missale, wurde

von Konrad Berne verfasst. Eine Strophe desselben, die keiner weiteren Erläuterung bedarf, lautet:
> Fide fulgent gens Danorum,
> Suenumque, Norvehorum,
> Gronlandeûm, Islandorum
> Sub Bremensi praesule.

Wolter in seiner Chronik Bremens sucht denselben Gegenstand zu beweisen (16). Da die letzten zwei Dokumente sich wahrscheinlich auf die beiden ersten berufen, so wollen wir diese näher beleuchten. Es liegt ausser allem Zweifel, dass genanntes Diplom vom Kaiser Ludwig, zu der darin angegebenen Zeit, für die genannte Person und zu dem angeführten Zweck ausgestellt wurde, dasselbe gilt von der päpstlichen Bulle.

Demungeachtet behaupten einige Autoren, wie Arngrim, Thorlac, Torfaeus u. A, dass entweder an der Echtheit obiger Dokumente zu zweifeln sei, oder dass doch eine Interpolation stattgefunden haben müsse. Ihre Beweise für diese Behauptung stützen sie auf die Berichte der isländischen Annalen, nach welchen man im Jahre 834 weder Island noch Grönland kannte. Sie berufen sich vor Allem auf folgende Stelle aus Are, wo er sagt, dass „Island zuerst von den Norwegern bevölkert wurde in den Tagen Haralds Schönhaar — zur Zeit da Ivor, Ragnar Lodbroks Sohn, den englischen König Edmund den Heiligen erschlug — und das geschah 870 Winter nach Christi Geburt. Ingolf hiess der Norweger, von welchem wahrhaftig berichtet wird, dass er zuerst aus Norwegen nach Island fuhr, als Harald Schönhaar sechszehn Winter zählte. Darauf bei einer andern Reise, wenige Winter später, siedelte er sich an südlich in Reykiarwig" . . . . Are zählt sofort die übrigen ältesten Ansiedler auf.

Diese Stelle aus Are ist aber keineswegs genügend,

um auf sie gestützt die Echtheit der angegebenen Urkunden in Frage zu stellen oder zu leugnen. Denn:

a) Die ältesten authentischen Berichte über Island enthalten offenbar die gerichtlichen Familienlisten und Beschreibungen jeder einzelnen Ansiedelung, welche zum Zwecke einer Volkszählung und zur Steuerabschätzung aufgenommen wurden.

b) Derartige Landesbeschreibungen konnten sicherlich erst vorgenommen werden, nachdem die Ansiedelung schon einen bedeutenden Fortschritt gemacht und einen beträchtlichen Umfang gewonnen hatte und somit gewissermassen als eine vollendete Thatsache angesehen werden konnte; was alles unter damaligen Verhältnissen einen Zeitraum von fünfzig bis hundert Jahren zur Verwirklichung erfordert haben mag.

c) Die Chronisten sprechen gewöhnlich nur von Fürsten oder vornehmen, durch Reichthum und Einfluss ausgezeichneten Männern, von denen unter den ersten Ansiedlern Islands wenige sich befunden haben mögen, deren Namen der Nachwelt aufbewahrt wurden.

d) Schon oben im zweiten Kapitel wurde zur Genüge dargethan, dass Island bereits seit Jahrhunderten unter dem klassischen Namen Thule bekannt war, noch ehe der mehr bezeichnende Name Eisland allgemeinen Gebrauch erlangte.

e) Die geistliche Gerichtsbarkeit des Erzbischofes von Bremen konnte wohl auch über Island und Grönland ausgedehnt werden, selbst ehe noch Christen dort lebten; denn durch einen solchen Akt wurde eben die Sorge für die Bekehrung genannter Länder dem Bischofe anvertraut. Um die Echtheit obiger Dokumente behaupten zu können, würde daher nur der Beweis erfordert, dass Island und Grönland im Jahre 834, beziehungsweise 831, bekannt waren.

f) Are erzählt endlich mit seinen eigenen Worten, dass schon Christen auf Island wohnten, als die heidnischen Norweger dahin kamen, nämlich: „..... als Ingolf kam, waren christliche Leute in Island, welche von den Normannen Papä (Pfaffen) genannt wurden, allein dieselben reisten ab, weil sie hier nicht länger mit Heiden zusammen leben wollten, hinterliessen jedoch irländische Bücher und Glocken und (Hirten-) Stäbe, aus welchem man schliessen konnte, dass es irische Männer waren." Diese merkwürdige Nachricht wird durch andere Zeugnisse bestätigt. Der irländische, schon genannte Mönch Dicuilus, welcher 825 zur Zeit Ludwigs des Frommen ein gelehrtes Buch über Erdkunde schrieb, erzählt: „Irländische Geistliche haben vor einhundert Jahren, also um 725, viele Eilande im Ocean nördlich von Britannien besucht, jedoch dieselben von den orkneyischen Inseln aus bei einer Fahrt in gerader Richtung mit vollen Segeln und günstigem Winde erst nach zwei Tagen und zwei Nächten erreicht." Dicuil fügt zwar bei, dass ein Theil der Geistlichen sich auf den erwähnten Eilanden, die von unzähligen Schafen und verschiedenartigen Seevögeln belebt gewesen seien, ansiedelte, aber dieselben später wegen der normannischen Seeräuber wieder verliess. Diese letztere Beschreibung passt nur auf die Faröerinseln, die von dem normannischen Worte Faar, das Schaf bedeutet, ihren Namen haben. Weiter aber behauptet der nämliche Autor, von Mönchen gehört zu haben, dass sie vor dreissig Jahren, also um 795, vom 1. Februar bis zum 1. August auf Island geweilt hätten.

Was also ein irländischer Schriftsteller im Jahre 825 über Island schrieb, mag um 831 wohl auch am kaiserlichen Hofe und um 834 bei der römischen Curie zur Kenntniss gelangt sein.

Grösserer Schwierigkeit begegnen wir in Betreff Grönlands. Eirich der Rothe gibt uns Zeugniss, dass nicht blos er, sondern auch viele seiner Zeitgenossen Kenntniss von Grönland hatten, indem er, verurtheilt zu dreijähriger Verbannung vom Gerichte Islands, dem Styr, der ihm eine Strecke weit das Geleite gab, erklärte, er sei entschlossen, nach jenem Lande zu segeln, welches Gunbjörn, der Sohn des Ulv Kraka, im Jahre 877, also hundert Jahre früher, gesehen hätte. — Sollte demnach während dieser hundert Jahre keiner der vielen Auswanderer, oder der Verbannten, kein Abenteurer, kein Seeräuber, kein Wickinger das von Gunbjörn entdeckte Grönland aufgesucht haben! Eirich selbst gibt uns darüber Aufschluss, wie Are berichtet: „..... sie fanden dort Spuren von Menschen, sowohl an der östlichen wie an der westlichen Küste; auch Trümmer von Booten und steinerne Gebäude fanden sie." (20.)

Dass diese Boote und steinernen Gebäude, welche Eirich und andere Ansiedler in Grönland vorfanden, von europäischen Colonisten und nicht von Skrällingen oder Eskimos herstammten, wie Are darstellen will, ist mehr als wahrscheinlich. Ob aber diese frühern Colonisten schon in der ersten Hälfte des neunten Jahrhunderts nach Grönland kamen, bleibt jedenfalls für diejenigen eine unentschiedene Frage, welche die Authenticität obenerwähnter Dokumente in Zweifel ziehen.

Die Bollandisten führen die fraglichen Dokumente in den Acta Sanctorum am 3. Februar an, Seite 411 §. XIII., jedoch mit Hinweglassung von Island und Grönland u. s. w., ausserdem hat die Bulle Gregors IV. gegen den Schluss noch eine längere Ermahnung an Ansgar. Nehmen wir es auch als wahrscheinlich an, dass spätere Abschreiber die Namen Island und Grönland hinzugefügt haben, so sind dadurch Arngrim, Theodor Thorlac und Torfacus noch keineswegs gerechtfertigt, die unedle Behauptung aufzustellen, diese Interpolation müsse zur Zeit Adalbert's von Bremen (reg. v. 1043—1072) stattgefunden haben, und zwar aus dem schwachen Grunde, weil dieser Erzbischof den ehrgeizigen Bestrebungen Raum gegeben haben soll, Primas des Nordens zu werden.

Gesetzt aber, wir lassen die Frage der Interpolation bei Seite, so standen Island und Grönland unter der geistlichen Gerichtsbarkeit der Erzbischöfe von Hamburg oder vielmehr von Hamburg und Bremen; denn nachdem Hamburg im Jahre 845 von den Normannen verwüstet worden war, wurden unter dem heiligen Ansgar nach dem Tode Lenderichs, des dritten Bischofes von Bremen, 848 die Diözesen Hamburg und Bremen vereinigt (21). Während der Periode, in welcher Island und Grönland zur kirchlichen Provinz von Hamburg-Bremen gehörten, war dieser Stuhl von folgenden Metropoliten besetzt:

1) hl. Ansgar, O. S. B. consecrirt i. J. 831.
2) hl. Rembert, O. S. B. „ „ 865.
3) Adalgar, O. S. B. „ „ 889.
4) Hoger, O. S. B. „ „ 909.
5) Reginwald, O. S. B. „ „ 916.
6) hl. Unno, O. S. B. „ „ 917.
7) Adaldag, O. S. B. „ „ 936.
8) hl. Libentius I., O. S. B. (Lievizo) consecrirt im Jahre 988
9) Umwanus, consecrirt i. J. 1013.
10) Libentius II. „ „ 1029.
11) Alebrandus „ „ 1034.
12) Adalbert „ „ 1043.
13) Liemar „ „ 1072 (22).

Sechstes Kapitel.

Leif des Eirich Sohn wird Christ. — Einführung des Christenthums in Island und Grönland.

Arius der Polyhistor überliefert uns in ausführlicher Erzählung eine wichtige Thatsache, für deren Richtigkeit er seinen Grossvater Thorkell Gellerson welcher selbst ein Begleiter Eirich's bei der grossen Auswanderung nach Grönland war, als Gewährsmann anführt (23). Im vierzehnten oder fünfzehnten Jahre nach ihrer Niederlassung in Grönland, also im Jahre 996 oder 997 unternahm Leif, Eirich's ältester Sohn, eine Handelsreise nach Drontheim. Bald nach seiner Ankunft hörte er, dass König Olaf Tryggvason soeben aus Halogaland angekommen sei; er begab sich deshalb nach Olaf's Hoflager, wo er auf's Beste aufgenommen wurde. König Olaf pflegte nämlich mit besonderer Vorliebe allen vornehmen Heiden, woher immer sie kamen, seine Gastfreundschaft anzubieten, in der wohlmeinenden Absicht, sie während ihres Aufenthaltes bei ihm durch Priester und andere gelehrte Christen von der Thorheit des Heidenthums und von der Wahrheit und Glückseligkeit der christlichen Religion zu überzeugen. Er wusste wohl, dass, wenn die Mächtigen des Landes gewonnen sind, auch das übrige Volk dem Beispiele und Einfluss derselben bald folgt. König Olaf besass überdies alle jene Eigenschaften, die einen echten Normann für ihn gewinnen mussten. Er erschien wie das Ideal eines nordischen Helden und Herrschers.

Olaf war von hohem Wuchse, einnehmender Schönheit und grosser Körperstärke; er war der gewandteste aller Männer. In der Handhabung der Waffen mit der Rechten sowohl als mit der Linken, im Schwimmen und Rudern, im Besteigen der Berge that es ihm keiner zuvor; Pfeile und Wurfspiesse fing er mit jeder Hand auf und sandte sie gleichzeitig mit beiden Händen zurück (24). Dabei war er heiter und sehr geneigt zum Scherzen, freundlich und herablassend, freigebig und prachtliebend, voll Muth und Entschlossenheit, aber nach Umständen auch zornig. Die Art, wie er das Christenthum im Norden verbreitete, muss man, um nicht ungerecht zu sein, mit Berücksichtigung der damaligen Verhältnisse beurtheilen und dabei den eigenthümlichen Charakter der Odinsreligion, sowie auch den sittlichen Standpunkt ihrer norwegischen Bekenner nicht ausser Acht lassen (25). Doch bisweilen ging Olaf in seinem Bekehrungseifer auch etwas zu weit; denn er suchte, wo Bekehrung keinen Erfolg hatte, nicht blos durch Geschenke oder durch Heirathsvermittlungen die Annahme des christlichen Glaubens zu erwirken, sondern wandte auch Drohungen, List,

Gewalt, ja sogar Strafen, wie Verbannung, Einkerkerung, Hinrichtung und andere nicht zu billigende Mittel an, um die Heiden zum Bekenntniss der christlichen Religion zu bewegen; so zerstörte er die heidnischen Götzenbilder und Tempel und bewies handgreiflich die Ohnmacht der vermeintlichen Götter. Er setzte den reactionären Bestrebungen auf Seite des Heidenthums einen furchterregenden Muth und entschlossenes Handeln entgegen, und so gelang es ihm, in sehr kurzer Zeit dem Heidenthume in Norwegen den Todesstoss zu versetzen und die sämmtlichen Landschaften mit Ausnahme der unter schwedischer Herrschaft stehenden Uplande dem Christenthume zu unterwerfen. Doch Olaf beschränkte sich in seinem Bekehrungseifer keineswegs auf sein Norwegen, sondern dehnte seine Wirksamkeit auch über alle Länder norwegischer Zunge aus; er richtete seine Aufmerksamkeit auf Island, Grönland, die Orkney-, Faröer- und Shetlands-Inseln. Auf seiner Ueberfahrt von England nach Norwegen im Jahre 995 hatte Olaf die Orkneys berührt und den dortigen Jarl Sigurd Lödwesson eben nicht auf die zarteste Weise mit den Seinigen zum christlichen Glauben bekehrt und zu einem Freundschaftsbündniss mit ihm bewogen. Der Freundschaft blieb Sigurd nicht treu, wohl aber dem Glauben, und mit der Bekehrung der Orkneys erfolgte zugleich auch die der ihm unterworfenen Shetlands (Hialtland)- und derjenigen von den Hebriden Inseln, welche ebenfalls unter der Herrschaft Sigurds standen.

Olaf betrieb sein Bekehrungsgeschäft nicht blos im Grossen, sondern bemühte sich auch, wie oben erwähnt, einzelne angesehene Männer, selbst wenn sie als Fremde nach Norwegen kamen, zum Christenthume herüberzuziehen. So bekehrte er den Häuptling der Faröer, Sigmund Brestisson, nachdem er ihn zu sich nach Norwegen eingeladen und durch Freundlichkeit gewonnen hatte. Doch kehren wir wieder zu Leif, der sich jetzt als Gast am norwegischen Königshof befand, zurück. Bei den dargelegten Verhältnissen musste die Ankunft Leifs, des ältesten Sohnes der angesehensten Familie von Grönland, dem Könige Olaf sehr erwünscht sein. Er bewirthete Leif mit dessen ganzen Schiffsmannschaft den Winter hindurch als willkommene Gäste. Auch führte er sie zum feierlichen Gottesdienst in die Kirche, die er selbst am Seehafen zu Nidaros (Drontheim) dem heiligen Clemens, dem Patrone der Schiffer, zu Ehren erbaut hatte. Bischof Sigurd (Siegfried), den Olaf aus England gebracht hatte, der Priester Thormod, und andere wohl unterrichtete Christen gaben sich unterdessen alle Mühe, dem Leif und seiner Mannschaft die nothwendigsten Lehren des Christenthums beizubringen und sie von dessen Wahrheit zu überzeugen. Ihre Bemühungen waren von so glücklichem Erfolg gesegnet, dass im Frühjahre 999 die Taufe Leif's und seiner Mannschaft mit grosser Feierlichkeit vollzogen werden konnte. Dann trat Leif in Begleitung des Priesters Thormod und anderer Kleriker die Rückreise über Island nach Grönland an. Es war dem Eifer des Neubekehrten angemessen, gleich nach seiner Ankunft auf Grönland für die Weiterverbreitung der beseligenden Religion Christi aus Kräften zu wirken und vor allem seine Familie mit den Wahrheiten des Christenthums vertraut zu machen. Es gelang ihm auch ohne besondere Mühe, seine Mutter Thorhild, seine Brüder, ihre Freunde und Nachbarn zur Annahme des heiligen Glaubens zu bewegen. Die Bekehrungsarbeiten waren mit solchem Erfolg gesegnet, dass schon im ersten Winter ganze Villen oder Höfe, fünfzig Reppos, wie Björn von

Skardza sagt (28), an der Ostküste Grönlands die Thorheiten des heidnischen Aberglaubens abschwuren. Thorhild, erfreut über den Segen, den sie und die Uebrigen den Bemühungen ihres Sohnes Leif zu verdanken hatten, übernahm sogleich die Sorge für den Bau einer Kirche in Brattalid, die später unter dem Namen Thorhildskirche bekannt war. Leif's Vater, Eirich hingegen, liess sich von dem traurigen Wahn des Heidenthums, in welchem er befangen war, auch durch diese jede Erwartung übertreffenden Erfolge des Christenthumes nicht überzeugen, sondern beharrte bei seinem finstern Aberglauben und der starren Odinsverehrung, und zwar nach einigen Autoren bis an sein Lebensende, nach Torfaeus jedoch empfing er die Taufe noch vor seinem Tode. (Torfaei hist. Norweg. p. 434.)

Werfen wir noch einen Blick auf Island. Die christlichen Irländer verliessen, wie bereits gemeldet, Island nach der Ankunft der heidnischen Normannen. Allein durch gegenseitigen Verkehr zwischen der Insel und dem Heimathlande kamen die Bewohner Islands bald in stete Berührung mit dem Christenthum. Den Grund zu ihrer Bekehrung legte der isländische Wickinger (26) Thorwald, Sohn des Kodran, der in Sachsen (vielleicht in Bremen) den christlichen Glauben angenommen hatte und mit dem Bischof (oder Priester) Friedrich nach Island, etwa im Jahre 981 zurückkehrte, wo sie mit gutem Erfolge an der Bekehrung der Heiden arbeiteten und im Jahre 984 zwei Kirchen bauten (27). Zwei Jahre nach dem Kirchenbau unternahm Thorwald eine Wallfahrt nach Jerusalem. Wegen seiner vielen Reisen erhielt er den Namen vidförli, d. i. der Weitgereiste. Im Jahre 997 sandte König Olaf den Priester Thangbrand nach Island, um die Arbeit des schon früher dahin gesandten Stefner zu theilen. Als endlich der einflussreiche Hall von Sida auch den Lagman oder Gesetzsprecher Thorgeir im Jahre 1000 für die christliche Religion gewonnen hatte, erliess man auf dem Althing zwei Gesetze gegen den heidnischen Cultus und eines zur allgemeinen Annahme der christlichen Taufe. Mehr als fünfzig Jahre hindurch wirkten auswärtige Missionsbischöfe und Priester, bis endlich der Erzbischof Adalbert von Bremen im Jahre 1055 einen eigenen Bischof für Island consecrirte in der Person des Schottländers Johann. (Messenii Scandia illustr. t. IX. lib. V. cap. XXII. p. 74.) In der Hungrvatta wird B. Johann ein Irländer genannt, aber im Appendix zur Landnama ein Sachse. Diese dreifache Benennung ist jedoch leicht erklärlich; letztere Bezeichnung erhielt er, weil er aus Sachsen, wo er consecrirt wurde, nach Island kam, und Irländer und Schotte wurden im Mittelalter häufig ohne Unterschied für einander gebraucht, wenigstens in der Rücksicht, als damit nur ein Volksstamm bezeichnet wurde. Nachdem Bischof Johann vier Jahre in Island gewirkt hatte, begab er sich nach Weinland, gewann viele Seelen für Christus und erlitt endlich den Martertod unter den Händen der Eingebornen. (Torfaeus, Vinlandia antiqua cap. XVI. p. 71.) Hier soll auch Are Marson von ihm getauft worden sein, wovon Mehreres weiter unten berichtet werden wird. Wahrscheinlicher ist jedoch, dass Bischof Johann in einer irischen Colonie in Weinland, d. i. Amerika wirkte, als in einer norwegischen, wie Alban Butler glaubt; demnach ist es richtiger, wie Torfaeus in der Vorrede zu seiner Vinlandia antiq. sagt, Bischof Johann begab sich nach Irland it mikla oder Grossirland.

Nach einiger Zeit schickten die Isländer eine Gesandtschaft nach Bremen mit der Bitte, dass ein Bischof für ihre Insel ernannt werde. Ihr Gesuch erweiterten sie dieses Mal dahin, dass der zu erwählende auch ihrer Sprache kundig sein möchte. Demgemäss wurde Isleif zu dieser hohen Würde erkoren. Isleif stammte aus einer der ersten Familien Islands und hatte seine Studien zu Erfurt gemacht. Nach seiner Erwählung reiste er nach Rom, unterwegs besuchte er Kaiser Heinrich IV. und dessen Bruder Konrad, Herzog von Bayern, dem er einen grönländischen Bären zum Geschenke überbrachte. Der Papst wies ihn an seinen Metropoliten zurück und er wurde demnach am heiligen Pfingstfeste im Jahre 1067 zu Bremen zum Bischof von Island mit dem Sitze in Skalholt consecrirt. Isleif starb 1080. Die übrigen Bischöfe von Skalholt folgen hier der Reihe nach mit Angabe des Jahres ihrer Consecration:

3) Gissur 1081.
4) Thorlak 1118.
5) Magnus I. 1134.
6) Elongius, oder Claingus 1152.
7) heiliger Thorlak 1171.
8) Paulus 1187.
9) Magnus II. 1216.
10) Sigvard 1239.
11) Arner I. 1269.
12) Arner II. 1304.
13) Grimer 1321.
14) Jonas I. 1330.
15) Jonas II. 1338.
16) Jonas III. 1342.
17) Gyrder 1352 (nach Messenius, hingegen nach Torfaeus wurde Gyrder, Sohn des Ivar, im Jahre 1348 durch den Bischof Salomon von der Insel Oesel unter

Assistenz der Bischöfe Arno von Holum und Jonas Skallio von Grönland conseerirt).
18) Thorarin 1363.
19) Adageir 1373.
20) Michael 1385.
21) Wilhelm 1389.
22) Arno 1395.
23) Jonas IV. 1432.
24) Gosvin 1445.
25) Marcellus 1472.
26) Sueno 1472.
27) Magnus 1475.
28) Stephan 1494.

Die Diözese Holum.

Schon im Jahre 1106 wurde die Errichtung einer zweiten Diözese für Island nöthig erachtet und auch in's Werk gesetzt. Holum, oder Holar, wurde zur Cathedrale und der Priester Jonas Agmundson zum ersten Bischofe erkoren. Während der 445 Jahre ihres Bestehens als Diözese der katholischen Kirche zählte die Cathedrale von Holum einundzwanzig Bischöfe, von denen der erste achtzig Jahre nach seinem Tode in den Kalender der Heiligen aufgenommen wurde,*) der letzte aber, Jonas IV. Arneson, die Marterpalme erlangte, indem er zur Zeit der gewaltsamen Einführung der Lehre Luther's durch die Truppen des Königs Christoph von Dänemark enthauptet wurde 1551.

Es folgen hier die Bischöfe von Holum:

---

*) Arngrim, Chronicon Islandiae pag. 108. Cf. Messenii Scandia ill. tom. IX. lib. II. cap VIII.

1) heiliger Jonas I. 1106.
2) Chetill 1122.
3) Björn 1147.
4) Brand I. 1163.
5) Gudmund 1201.
6) Botolphus 1237.
7) Heinrich 1247.
8) Brand II. 1260.
9) Jörund 1267.
10) Augdun 1313.
11) Laurentius 1322.
12) Egill 1331.
13) Orm 1342.
14) Jonas II. 1355.
15) Petrus '391.
16) Jonas III. 1415.
17) Jonas IV. 1432.
18) Godschalk I. 1447.
19) Olaus 1458.
20) Godschalk II. 1497.
21) Jonas IV. 1524.

Siebentes Kapitel.

Die Bischöfe von Grönland.

1) Albert, im Jahre 1055.

Bewährte Quellen, darunter Adam von Bremen, melden, dass Gesandtschaften aus den entferntesten Ländern, aus Island, aus Grönland, aus den Orkney-Inseln u. s. w. zum eifrigen Metropoliten Adalbert nach Bremen mit der Bitte kamen, es möchten auch zu ihnen Bischöfe geschickt werden, um die Religion und Frömmigkeit zu befördern und zu befestigen. Nach Messenius wurde ein solches Gesuch schon im Jahre 1044 gestellt (29). Zufolge dem einstimmigen Zeugnisse gleichzeitiger Schriftsteller erfreute sich Bremen damals eines solch' guten Rufes unter den nördlichen Völkern, dass es ein zweites

Rom genannt und als solches geachtet und besucht zu
werden pflegte. Im Jahre 1055 weihte der Erzbischof
Adalbert drei Bischöfe, nämlich: den Irländer Johann
für Island, den Albert für Grönland und den Thurolph für
die Orkadeninseln, welche Länder von jetzt an der Jurisdiction des Erzbischofes von Bremen unterworfen wurden,
während sie früher unter den Bischöfen Englands und
Schottlands gestanden waren. Diese Bischöfe werden
nur als Missionsbischöfe angegeben ohne bestimmte Sitze;
jedoch nennt Ivar Bardson Steinnes in Westbygda als
den Ort, wo die Bischöfe Grönlands vor der Errichtung
der Cathedrale von Gardar residirten. Wie lange Bischof Albert gelebt habe, wer sein unmittelbarer Nachfolger gewesen sei, ist noch eine unbeantwortete Frage;
denn die zuverlässigen Quellen geben keinen weiteren
Aufschluss über die Bischöfe Grönlands bis zum Jahre 1112.

2) Eirich 1112.

Ueber diesen Bischof findet sich die Nachricht, dass
er 1112 oder 1113 nach Grönland kam. Höchst wahrscheinlich ist dieser derselbe Bischof Eirich, von welchem
die Chronisten berichten, dass er im Jahre 1121 von
Grönland nach Vinland sich begeben habe, wo er sich
nebst seinen Begleitern in der Ansiedelung der Normannen niedergelassen haben mag, da von seiner Rückkehr nach Grönland nichts mehr gemeldet wird. Hiebei
werden wir erinnert, dass die Bauten, von welchen die
ersten englischen Colonisten am Anfange des siebzehnten
Jahrhunderts bei Newport in Rhode-Island Ruinen vorfanden, in der Zeitperiode des Bischofs Eirich aufgeführt
wurden. So drücken sich auch die Alterthumsgesell-

schaften von Kopenhagen und Rhode-Island aus, wie wir weiter unten noch näher zeigen werden.

Die Chronisten überlieferten auch das Geschlechtsregister von Bischof Eirich, nämlich: Eirich war ein Sohn des Gnup, Gnup ein Sohn des Birning, Birning ein Sohn des Gnup, Gnup ein Sohn des Grinkel, Grinkel ein Sohn des Björn mit dem Zunamen Gulbera d. h. Geldmacher, welcher das östliche Reykiadal im östlichen Theile Islands zuerst besetzte. Die Gemahlin des Grinkel war Signya, Tochter des Valthiof, dessen Besitzthum den ganzen Distrikt, der Kios genannt wird, umfasste, sein Vater war Aurlig, welcher einen grossen Theil von Kialarnes besass, dessen Vater war Hrapp, ein Neffe des Ketill Flat oder Stiefsohn des Björn und Neffe der Buma (30).

Der Umstand, dass die ersten zwei Bischöfe in Steinnes, Arnold aber und seine Nachfolger in Gardar residirten, mag es veranlasst haben, dass Albert Krantz von zwei bischöflichen Kirchen in Grönland spricht (31).

3) Arnold 1123.

Nach dem Tode Eystein's gelangte das norwegische Reich wieder in die Hände der vorigen Dynastie und Sigurd war alleiniger König. An diesen wandten sich die Grönländer mit der Bitte um einen Bischof, und der König erklärte sich bereit, ihrem Wunsche zu entsprechen. Der Flatcyensische Codex berichtet dieses Ereigniss in folgender Weise: Im Jahre 1122 oder im nächstfolgenden, war Sockius, Sohn des Thorer, der ein Nachkomme aus der Familie Eirich's des Rothen zu sein scheint, Herr zu Brattalid und ward angesehen wie ein Fürst des Volkes. Dieser liess sich sowohl die Erhaltung und

Verbreitung der christlichen Religion, als auch die Ehre des Volkes sehr angelegen sein. Er wusste, dass andere Nationen, die sich zu demselben Glauben bekannten, zur Befestigung der kirchlichen Disciplin einen Bischof in ihrer Mitte haben, und da er nicht ertragen konnte, dass sein Volk eines solchen Würdenträgers entbehre, so berief er Alle zu einer öffentlichen Versammlung und setzte ihnen ausführlich auseinander, wie nothwendig es sei, — nachdem sie durch himmlische Gnade zur Kenntniss des wahren Glaubens gelangt seien; nachdem sie zur Haltung der Gebote des wahren Gottes sich verpflichtet, nachdem sie mehrere Lehrer und Diener des heiligen Cultus erhalten hätten, — dass nun auch ein Bischof allen Andern vorgesetzt werde, begabt mit höherer Autorität, der das Volk in der Furcht Gottes leite, und zu dessen Unterhalte, nach dem Beispiele anderer Völker, jeder von ihnen seinen Theil grossmüthig und freiwillig beitragen solle. — Hierauf befragte er sie um ihre Zustimmung, und als Alle damit einverstanden waren, wurde der Beschluss gefasst, eine Gesandtschaft nach Norwegen zum König Sigurd, dem Jerusalemfahrer, abgehen zu lassen, damit sie einen zur Verwaltung dieses so erhabenen Amtes geeigneten Mann erlangen möchten. Als Führer der Gesandtschaft wurde Einar, Soke's Sohn, ein thätiger Mann, der grosses Ansehen genoss, aufgestellt. Dieser fügte sich in den Willen seines Vaters, nahm Zähne von Wallrossen, Pelzwerk und andere kostbare Geschenke für den Hof und rüstete sich zur Reise. Sowohl durch diese Geschenke sich empfehlend, als auch besonders durch die fromme Gesinnung des Königs erlangte Einar dessen Zustimmung und bald auch Hilfe. Unter andern ward vorzüglich ein Priester Namens Arnold, nicht weniger wegen seines Lebenswandels, als wegen

seiner Gelehrsamkeit für ein so hohes Amt als geeignet
erachtet. Diesen forderte der König auf, er möchte aus
Liebe zu Gott und zu ihm jenes Amt auf sich nehmen,
und versprach, Empfehlungsbriefe an Asser, Erzbischof
von Lund, in Betreff der Weihe zu schreiben und zugleich mit ihm abzuschicken. Arnold jedoch entschuldigte
sich damit, dass ein solches Amt für seine Schultern zu
schwer sei. Vorzüglich, sagt man, habe er seinen Mangel
an Wissenschaft als Vorwand gebraucht, dass er ganz
und gar einer solchen Bürde nicht gewachsen sei, dass
das Volk vom Verkehre mit gebildeten Nationen so weit
entfernt sei, so dass es durch blosse Gebote, Ermahn-
ungen oder Drohungen nicht wohl geleitet werden könnte;
und endlich, dass die Annahme dieses Amtes für ihn
nichts Anderes im Gefolge habe, als eine ewige Verbannung aus dem Vaterlande und ewige Trennung von
Verwandten und Freunden; dessenungeachtet wolle er
sich keineswegs weigern, nach Grönland zu gehen, wenn
er nur versichert sein könnte, dass seine Bemühungen
und Beschwerden im Weinberge Gottes auch Nutzen
bringen würden. Er verhehlte sich nicht, dass er in
Folge seiner verzagten Stimmung in einem fremden
Lande wohl nichts oder nur wenig ausrichten werde;
deshalb stellte er die Bedingung, dass Einar durch einen
Eid sich verpflichten solle, er wolle mit seiner Macht und
seinem Ansehen die Rechte der Kirche beschützen und
befördern, die beweglichen und unbeweglichen Güter,
welche dem Dienste Gottes geweiht seien, bewahren und
vertheidigen, jede Gewaltthätigkeit abwenden und die
Uebertreter bestrafen, und auch die ganze Verwaltung
der Güter der Cathedrale auf sich nehmen.

Der König liess Einar zu sich rufen, erklärte ihm
diese Forderungen und erlangte dessen Einwilligung.

Nachdem diese Angelegenheit zu dem gewünschten Ziele gebracht war, reiste Arnold zum Erzbischof, überreichte ihm die Briefe des Königs, wurde gütig aufgenommen und zum Bischof consecrirt. Alsdann kehrte er nach Norwegen zurück, wo ihn der König beglückwünschte und mit Ehren überhäufte. Nicht weniger geehrt wurde auch Einar, der dem Könige einen grönländischen Bären als Geschenk überbracht hatte. Arnold und Einar segelten hierauf auf demselben Schiffe nach ihrem Bestimmungsort ab und Einar vergass seines Versprechens nicht, sondern vollzog Alles mit Willenskraft, was er gelobt hatte.

Bischof Arnold, wie wir soeben aus dem Texte des Flateyensischen Codex sahen, wurde zu Lund in Dänemark consecrirt. Als nämlich König Erik der Gütige als Pilger Rom besuchte im Jahre 1098, erhielt er auf seine Bitte von Papst Urban II. das Versprechen, dass die bisherige kirchliche Unterordnung Dänemarks unter dem Hamburg-Bremischen Stuhl aufhören und an einem angemessenen Ort in seinem Reiche ein eigener erzbischöflicher Stuhl errichtet werden solle. Aber erst nach Erik's Tode, er starb im Jahre 1103 zu Cypern, erschien der päpstliche Legat Alberich in Dänemark und ersah Lund zum Sitz des nordischen Metropoliten aus und bekleidete zugleich den Bischof Adeer, oder Asser von Lund mit dem Pallium im Jahre 1106. Sein Nachfolger Eskil, consecrirt 1139, resignirte 1177 und starb 1182 als Mönch zu Clairvaux; sein Andenken ward gesegnet in dem von ihm ausgegangenen Schonischen Kirchenrechte und in der Stiftung mehrerer Cistercienserklöster.

Arnold war der erste Bischof von Grönland, welcher in Gardar bei Brattalid seinen Sitz aufschlug und davon seinen Titel führte; hier residirten noch vierzehn seiner Nachfolger.

Die alten Grönländer nehmen demnach in der Geschichte der Kirche einen Ehrenplatz ein wegen ihres Eifers für die Verbreitung des Christenthums, und dies um so mehr, wenn man in Anschlag bringt, dass Grönland weder christliche noch civilisirte Nachbarn hatte, und dass es mit andern Ländern nur spärlichen Verkehr unterhalten konnte; war es ja nach damaligen Sitten und Gesetzen allen nicht norwegischen Schiffen unter den strengsten Strafen verboten, an Grönlands Küste ohne specielle Erlaubniss der norwegischen Regierung zu landen. Zieht man diese hindernden Verhältnisse in Erwägung, so kann man sich einem Gefühle der Bewunderung nicht entziehen, dass damals die christliche Religion in Grönland in schönster Blüthe stand, indem die Bevölkerung an der Ostküste, wo an den Gestaden von neunzehn Buchten einhundert und neunzig Niederlassungen oder Villen bestanden, zwölf Kirchen errichtet hatte, während die Bewohner der Westküste in neun Buchten neunzig Ansiedelungen und vier Kirchen besassen. Daher wird man es auch leicht erklärlich finden, dass die Volksversammlung vom Jahre 1122 dem lebhaften Verlangen nach einem Bischof Ausdruck gab, und offen erklärte, wie man sich sehnte, einen kirchlichen Oberhirten in der Mitte zu haben, der die Priester weihe und bevollmächtige und alle Gläubigen im Glauben stärke.

Im Jahre 1126 wohnte Bischof Arnold, wie die isländischen Annalen berichten, mit den Bischöfen Thorlak von Skalholt und Ketill von Holar einer Versammlung auf Island bei (32ª). Nach einiger Zeit scheint der gute Bischof jedoch wieder den Muth verloren zu haben, denn als der Cardinal und Bischof von Albano, Nikolaus Breakspeare (32ᵇ), der später unter dem Namen Hadrian IV. auf den Stuhl Petri erhoben wurde, im Auftrage des Papstes

Eugen III. im Jahre 1152 als apostolischer Legat nach Norwegen kam und einer Synode zu Linköping präsidirte (33), erschien auch Bischof Arnold von Grönland und bewirkte seine Versetzung auf den bischöflichen Stuhl von Hamar in den Uplanden am grossen See Mjösen. Auf dieser Synode wurde auch die Erhebung des Bisthums Drontheim (Nidaros) zur Metropole des Nordens beantragt; doch erst Papst Anastasius entsprach dem Wunsche der Normannen, indem er im Jahre 1154 die betreffenden Bullen ausstellte und nebst den Bisthümern auf den Faröer-, den Orkney- und Hebriden-Inseln folgende Diözesen der neuen Kirchenprovinz einverleibte: Oslo, Bergen, Stavanger, Hamar, Skalholt in Island, Holar in Island, Gardar in Grönland. Die Cathedrale von Drontheim zählte von der Zeit ihrer Errichtung im Jahre 995 bis zur Erhebung zum Metropolitansitz zwölf Bischöfe (34).

Achtes Kapitel.

Die Bischöfe Grönlands. — Fortsetzung.

4) Jonas I. Knutus im Jahre 1150.

Nach dem Flateyensischen Codex folgten während dieser Zeit drei andere Bischöfe nach einander auf dem Stuhl von Gardar, von denen nur die Namen, nicht aber die Jahreszahlen angegeben sind; sie heissen Jonas II., Heinrich und Harald (35). Um jedoch nicht in das Gebiet von unsichern Conjecturen eintreten zu müssen, gehen wir gleich zu jenem Bischofe über, über den sowohl in Beziehung auf den Namen als auch auf die Zeit seiner oberhirtlichen Thätigkeit die Annalen übereinstimmen, nämlich zu Jonas Knutus oder Kutus, auch Kauttus, der im Jahre 1150 die bischöfliche Consecration erhielt und sein Amt in Grönland verwaltete bis zu seinem glücklichen Tode, der im Jahre 1187 erfolgte.

5) Jonas II. 1188.

Im ersten Jahre nach dem Tode des Bischofs Jonas Knutus wurde Jon, Johann, Smyrill, der Habicht genannt, ein Sohn Are's, zum Bischof von Grönland consecrirt (36). Die Jahrbücher melden von ihm eine Reise, die er im Jahre 1202 nach Island unternahm.

6) Helgo 1212.

Erst von diesem Bischofe angefangen stimmen auch die Jahreszahlen des Messenius mit den von den übrigen Autoren angegebenen überein. Helgo, ein Sohn Augmunds Hrappakoll, wurde durch Thorer I., den vierten Erzbischof von Drontheim, im Jahre 1212 unter der Regierung Inge Bardson's, Königs von Norwegen, zum Bischof von Grönland consecrirt. Die Landnama berichtet von Bischof Helgo auch eine Reise nach Island. Er starb unter der Regierung Hakon des Aelteren im Jahre 1230.

7) Nikolaus 1234.

Nachdem der Stuhl von Gardar beinahe vier Jahre verwaist war, wurde im Jahre 1234 Nikolaus durch Sigward, Sigurt, den siebenten Erzbischof von Drontheim zum Bischof für Grönland geweiht. In den Annalen finden wir, dass Bischof Nikolaus im Jahre 1239 eine Reise nach Grönland gemacht habe. Es ist damit wahrscheinlich eine Heimkehr von Island oder Norwegen gemeint. Im Jahre 1240 segnete er das Zeitliche.

8) Olaf 1246.

Nach etwa sechsjähriger Erledigung des Bischofsstuhles von Gardar wurde Olaf von Gellius (Sörler), dem achten Erzbischof von Drontheim, im Jahre 1246 zum Bischof für Grönland consecrirt. Der Däne Claudius Lyschander, königlicher Historiograph, der im Jahre 1608 über Grönland schrieb und dem der Isländer Arngrim Jonas in seinem Specimen Islandiae folgte, gibt hier offenbar unrichtiger Weise an, dass Bischof Olaf (oder Olav, Olaus), im Jahre 1263 durch Einar, den neunten Erzbischof von Drontheim, die Consecration erhalten habe (37). Die Annalen melden, dass Bischof Olaf im Jahre 1262 eine Reise nach Island unternahm, und dort zu Herdisarvik landete. Als Haquin oder Hakon auf den erzbischöflichen Stuhl von Drontheim erhoben wurde, assistirte auch Bischof Olaf von Grönland bei dessen Bekleidung mit dem Pallium im Jahre 1267. Olaf starb im Jahre 1280. Claudius Lyschander führt zwischen Olaf und dem folgenden B. Theodor noch zwei andere Bischöfe an, nämlich den Bartholus Gregor und den Andreas, welch' letzterer bis zum Jahre 1308 gelebt haben soll.

9) Theodor 1288.

Theodor (Thorder, Torder) wurde nach Torfaeus unter Erzbischof Jorund im Jahre 1288 zum Bischof von Gardar ernannt und erhielt am 22. Februar, an demselben Tage, an welchem Hieronymus Asculanus unter dem Namen Nikolaus IV. den päpstlichen Stuhl bestieg, die bischöfliche Weihe. Nach Huitfeld wurde Bischof Theodor im Jahre 1308 erwählt und erst im folgenden Jahre consecrirt.

10) Arnius (Arne) 1314.

Als Nachfolger Theodor's finden wir Bischof Arno, den der Erzbischof Eileph zu Drontheim im Jahre 1314 consecrirte.

11) Jon, Jonas, Alphus-Calvus-Skallio 1343.

Jonas Skallio wurde zur Lebenszeit des Bischofes Arno consecrirt, weil der Erzbischof nicht wusste, dass Arno noch unter den Lebenden weile. Arild Huitfeld nimmt zwischen Jonas, für dessen Consecration er das Jahr 1351 ansetzt, und den Bischof Arno, der nach seiner Zeitrechnung im Jahre 1325 geweiht wurde, noch folgende Bischöfe für Grönland an:

Bischof Berthold, consecrirt im Jahre 1332.

Bischof Gregor, consecrirt im Jahre 1346.

Bischof Arndius (Andreas I. nach Messenius) consecrirt im Jahre 1348.

Ein merkwürdiges Ereigniss, auf welches wir bei Beschreibung der weitern Entdeckungen Amerika's noch zu sprechen kommen werden, ist in den Annalen der Regierung des Bischofs Jonas Skallio verzeichnet. Im Jahre 1347 landete nämlich zu Straumsfjörd ein grönländisches Schiff, welches, um Bauholz für Grönland zu holen, nach Markland (dem heutigen Neu Schottland) gefahren war, und das auf der Heimreise durch einen Sturm nach Island verschlagen wurde.

Mit dem Jahre 1348 begann die Pest, der „schwarze

Tod" genannt, ihre Verheerungen in den skandinavischen Ländern.

Wie die Chronisten berichten, pflegte jährlich eine Flotte von Norwegen nach Grönland zu segeln. Darunter befand sich ein oder mehrere Regierungsschiffe mit den Beamten, welche einen jährlichen Tribut, bestehend in Wallrosszähnen und Pelzwerken, einzogen, während die übrigen Schiffe Kaufleuten angehörten, die die Reise des Handels wegen unternahmen. Jedoch seit dem Auftreten der Pest unterblieb diese jährliche Fahrt.

Als Gyrdur, ein Sohn Ivar's, zum Bischof von Skalholt in Island, und Gilbert (Gibrecht), ein Engländer, zum Bischof für Bergen im Jahre 1352 durch den Bischof Salomon von Oslo = Oesel, conseerirt wurden, waren Orno von Holum und Jonas Skallio von Grönland die einzigen Bischöfe des Nordens, welche der Consecration assistiren konnten, indem alle übrigen durch die Pest dahingerafft worden waren.

Im Jahre 1357 unternahm Bischof Jonas Skallio eine Reise nach Rom mit der Absicht, um seine Versetzung auf den bischöflichen Stuhl von den Hebriden zu bewirken; da jedoch das Volk damit nicht zufrieden war, so kehrte er wieder nach Grönland zurück.

12) Alfus = Alphus 1376.

Alfus war nach Messenius und Huitfeld der unmittelbare Nachfolger des Bischofs Arno im Jahre 1325, während Torfaeus, dem Flateyensischen Codex folgend, dessen Weihe in das Jahr 1376 setzt. Alfus starb im Jahre 1378; aber die Nachricht von seinem Tode kam erst sechs Jahre später an den Metropoliten von Drontheim.

13) Heinrich 1383.

Bischof Heinrich wurde nach Torfaeus im Jahre 1389 unter der Regierung der Königin Margaretha durch Erzbischof Winald zu Drontheim für den Sitz von Gardar consecrirt. In dieser Zeitangabe liegt ohne Zweifel ein Irrthum von wenigstens drei oder mehreren Jahren. Hiermit stimmt auch überein, was Malte Brun sagt, dass nämlich im Jahre 1383 ein Schiff in Norwegen landete und die Nachricht brachte, dass der Bischof von Grönland schon seit sechs Jahren gestorben sei. Messenius und Huitfeld geben die Consecration des Bischofes Heinrich auf das Jahr 1383 an (40). Nach mehrfachen Zeugnissen wohnte Bischof Heinrich der Reichsversammlung zu Wiburg im Jahre 1386 bei, als Olaf, König von Norwegen und Dänemark, am Feste des heiligen Johannes das Herzogthum Holsatia (Holstein) an Gerhard, den Sohn Heinrich's des Eisernen, Grafen von Holsatien, übergab. Ferner betheiligte sich Bischof Heinrich auch mit den übrigen Bischöfen der Provinz bei der Berathung über kirchliche Angelegenheiten und Bedürfnisse. Pontanus sagt darüber: Im Jahre 1386 wurde zu Wiburg eine Synode gehalten, welcher die Erzbischöfe von Lund und von Drontheim, sowie die Bischöfe Johann von Ripen in Jütland, Sueno von Bornholm, Jakob von Wiburg, Johann von Slevik, Heinrich von Gardar in Grönland und mehrere Aebte beiwohnten. Sie berathschlagten sich über die Errichtung neuer Kirchen und Klöster, leisteten bedeutende Beiträge dazu und unterbreiteten zu demselben Zwecke ein Gesuch an den König und die Königin von Dänemark (41). Bischof Heinrich starb im Jahre 1391. In diesem Jahre kam auch Björn, der Jerusalemfahrer,

Präfekt von Island, durch einen Sturm verschlagen, nach Grönland. Dieser hatte schon dreimal die Reise nach Rom gemacht und zuletzt auch noch eine Reise nach Jerusalem unternommen. Auf der Rückreise hatte er viele Beschwerden auszustehen und gelangte, während er auf Island zusteuerte, durch ungünstige Winde an Grönlands Küste. Er landete in einer unbewohnten Gegend und hatte grossen Mangel an Lebensmitteln zu leiden. Hier erlegte er einen Eisbären, und dann auch einen Wallfisch von jener Art, die Steipireidr genannt wird, wovon er sich und seine Matrosen ernährte, bis sie endlich eine bewohnte Gegend erreichten. Die Grönländer nahmen ihn mit allen Ehren auf und wollten ihn zu ihrem Richter oder Präfekten ernennen und ihm einen Tribut als Einnahme bestimmen (42). Björn jedoch zog vor, in seine Heimath zurückzukehren.

14) Andreas II. 1406.

Eschillus (Askell), Erzbischof von Drontheim, weihte im Jahre 1406 Andreas zum Bischof von Gardar, obgleich er nicht bestimmt wusste, ob Bischof Heinrich schon gestorben sei oder nicht; aber weil er so lange keine Nachricht von Grönland erhalten hatte, so wollte er doch nicht länger mehr in der Furcht und Besorgniss leben, dass jener Theil der christlichen Kirche im fernen Grönland durch Mangel eines Hirten vernachlässiget werde, und somit das Reich Gottes und das Heil der Seelen Schaden leide.

15) Andreas III. 1461.

Später finden wir noch einen andern Bischof von Gardar mit dem Namen Andreas. Von diesem melden die

Annalen, dass er im Jahre 1461 in Island sich befand und in Skalholt als bischöflicher Generalvikar fungirte, oder wahrscheinlicher als Administrator der Diözese sede vacante. Bischof Gosvin, consecrirt im Jahre 1445, mag um diese Zeit schon gestorben sein, während sein Nachfolger Marcellus erst im Jahre 1472 den bischöflichen Stuhl von Skalholt bestieg. Bei dieser Gelegenheit verurtheilte Andreas durch ein aus zwölf Priestern zusammengesetztes Gericht den Jon, Jon's Sohn, einen Priester der Kirche von Hrun, weil er ohne Erlaubniss des Erzbischofes und des Kapitels von Nidaros und gegen den Willen des Bischofes selbst das Vikariat der Kirche von Hrun sich angemasst hatte. Er nahm ihm das Amt und die Verwaltung ab, und sprach seine Güter der Cathedralkirche und dem Bischofe zu, bis er zum Gehorsame zurückkehren und der Kirche Genugthuung leisten würde. Im nämlichen Jahre übertrug er die Einkünfte derselben Kirche und die Güter des genannten Priesters einem Edelmanne, Namens Thorleif, einem Sohne Björn's. Abschriften dieser beiden Dokumente besass Torfaeus.

Arngrim bezeugt, dass er beide Urkunden gesehen habe, indem er mittheilt, dass er die Namen der Bischöfe, welche auf Heinrich gefolgt seien, nicht finden könne, erst im Jahre 1461 sei Andreas als Bischof von Grönland angegeben. Dieser war nämlich im erwähnten Jahre in Island und verwaltete ausser der Diözese Gardar in Grönland auch noch die von Skalholt in Island. Als Beweis hiefür erwähnt Arngrim einige gerichtliche Tabellen auf Pergament, die er selbst gesehen hatte, und welche im kirchlichen Consistorium von diesem Bischofe Andreas im nämlichen Jahre abgefasst worden waren, datirt theils vom Samstag vor dem Feste des heiligen Bartholomäus und theils vom Freitag vor dem Feste Mariä Geburt.

Ausser dem hier Mitgetheilten über die bisher aufgezählten fünfzehn Bischöfe Grönlands haben wir noch authentische Nachrichten von zwei andern Bischöfen, die für den Stuhl von Gardar ernannt wurden; allein bei dem ersten fehlt der Name und bei dem zweiten die Jahreszahl seiner Ernennung; beides würde jedoch aus Quellen geschöpft werden können, die aber gegenwärtig ausser dem Bereiche des Verfassers dieser Schrift liegen. In einem apostolischen Breve, datirt am 20. September 1448, erwähnt Papst Nikolaus V., dass Grönland schon seit beinahe sechshundert Jahren den christlichen Glauben bekenne, und fordert die Bischöfe Islands, an die das Schreiben gerichtet ist, auf, mit ihren unglücklichen Landsleuten Mitleid zu haben und einen befähigten Mann für die Leitung der kirchlichen Angelegenheiten in das Land zu senden, welches schon seit dem Beginne des laufenden Jahrhunderts von jener Fluth heidnischer Nachbarn überströmt worden sei, welche die Colonie in grausamer Weise verwüstet und die Bewohner getödtet oder weggeführt hätten, so dass der Dienst des göttlichen Wortes fast ganz aufgehört habe.

Ein anderer Bischof, Zacharias mit Namen, der auch als Schriftsteller bekannt ist, wurde bald nach 1500 für Gardar ernannt. Bischof Zacharias stammte aus Vicenza, zeichnete sich aus durch seinen Eifer für Kirchenzucht und verfasste sehr fromme Hymnen, welche Papst Clemens VII. empfahl, und welche sein Landsmann Ludwig von Vicenza im Jahre 1549 im Druck herausgab.

Neuntes Kapitel.

Authentische Beschreibung von Grönland aus dem dreizehnten Jahrhundert.

In der ersten zu Rom 1478 auf Kupferplatten gedruckten Ausgabe der Geographie des Ptolemäus, deren Karten von Agathodaemon bis aus dem fünften Jahrhundert sich herleiten und noch mehr in der bald darauf folgenden verbesserten Ausgabe desselben Werkes, durch den Benediktiner Nikolaus Donis zu Ulm veranstaltet, begegnen wir einer Kenntniss Grönlands, die jedenfalls wegen der Vorbereitungen zur Ausgabe schon früher erworben sein musste.

Der Name dieses Landes findet sich auch auf einer im Jahre 1417 gezeichneten Karte, welche im Palaste Pitti zu Florenz aufbewahrt wird; auf der Karte des Nikolaus Donis ist eine vollständige Zeichnung der west-

lichen und östlichen Küste Grönlands gegeben, deren
Benennungen kaum aus einer andern, als aus einer nordischen Quelle geflossen sein dürften. Der Herausgeber
hat, um den Text des Ptolemäus nicht zu unterbrechen,
wie er in der Widmung des Werkes an den Papst Paul II.
sagt, eine Beschreibung bei diesen wie bei den übrigen
nordischen Ländern nicht beigefügt, sondern sich ledig-
lich auf die Zeichnung derselben beschränkt, wesshalb
sich die Quelle nicht näher bestimmen lässt, der er sie
entnommen hat.

Unter den alten Manuscripten finden sich vier Landesbeschreibungen oder vielmehr Aufzählungen der Buchten
von Grönland, deren eine, welche der Flateyensische
Codex in der Erzählung über Eirich aufbewahrt hat, in
das zehnte Jahrhundert verlegt werden muss; die zweite
findet sich im nämlichen Codex, col. 850—851, zunächst
als Anhang zur besondern Geschichte der Grönländer,
worin die Begebenheiten des zwölften Jahrhunderts erzählt werden, und welche im dreizehnten Jahrhundert
geschrieben zu sein scheint. Hier werden nämlich zuerst die Bischöfe Grönlands aufgezählt und hierauf fünfzehn Kirchen von Grönland, von denen zwölf in der
östlichen Provinz gelegen waren, angeführt; auch die
Namen der Buchten sind angegeben.

Die Landesbeschreibung lautet wie folgt: Die Kirchen
Grönlands sind: in Herjulfnes, welches am weitesten gegen
Osten liegt, ist die Kirche von Herjulfsfjörd; die zweite
Kirche ist zu Vatsdal im Ketilsfjörd, die dritte Kirche zu
Vika, ebenfalls im Ketilsfjörd, die vierte Kirche zu Vog
im Siglufjörd, die fünfte unter Höfdio im Oestfjörd, die
sechste ist die Cathedrale zu Gardar im Einasfjörd, die
siebente zu Hardsteinabeng; die achte zu Brattalid ebenfalls im Einasfjörd, die neunte unter Solarfjall in Jsa-

fjörd, sowie auch die zehnte Kirche; die eilfte ist im
Hwalseyarfjörd, die zwölfte zu Gardanes im Midfjörd.
Folgende Kirchen befinden sich in der westlichen Provinz: eine Kirche zu Sandnes im Lysufjörd; die zweite
zu Hopi im Agnafjörd und die dritte Kirche zu Anvika
im Rangafjörd.

Die Kirche im Ketilsfjörd war dem heiligen Kreuze
geweiht und wurde vom Volke die Aros-Kirche genannt.
Die Kirche zu Vatsdal hatte den heiligen Petrus zum
Patron; nicht weit davon befand sich das grosse Kloster
der regulären Kanoniker, dessen Kirche dem heiligen
Olaus und dem heiligen Augustin geweiht war. Zu
Rafnsfjörd, zunächst bei Ketilsfjörd, stand im innern
Theile der Bucht das Kloster der Benediktinerinnen.
Die Kirche zu Vog im Siglufjörd war dem heiligen
Olaus geweiht. Zu Foss, der königlichen Villa, zwischen
Einasfjörd und Rafnsfjörd lag die prächtige Kirche des
heiligen Nikolaus. Im innersten Theile der Bucht von
Einasfjörd stand die Cathedrale.

Die älteste Landesbeschreibung von Grönland durch
Björn Jonaeus (43) meldet Folgendes:
Grönland liegt gegen Norden. Der südlichste Punkt
ist Herjulfnes; diesem am nächsten gegen Westen liegt
Hnarisnipa; hieher kam Eirich der Rothe. Daselbst ist
die Meeresströmung Hafshwerf (Hvarf) genannt. Gegen
die östliche Küste liegt Spalsund, dann Drangeya, dann
Sölvadal, welches unter den bewohnten Plätzen am östlichsten liegt, nach diesem kömmt Tovafjörd, hierauf Melrakkanes, dann die Kirche von Herjolvsfjörd; ferner: Helliseya und Helliseyafjörd; dann Ketilsfjörd, wo zwei Kirchen
sind, hierauf Hrakbjarnareya, Lundeya, Syllenda ausserhalb Eiriksfjörd, dann Alptafjörd, Siglufjörd, wo eine
Kirche steht; Rafnsfjörd; dann Slettufjörd ausserhalb Rafns-

fjörd, Hornafjörd, Ofundinnfjörd, wo der Bischofssitz sich befindet, im innersten Theile von Eiriksfjörd; hierauf kommt die Kirche von Eiriksfjörd; dann ist ausserhalb Oestkarsfjörd, wo eine Kirche sich befindet; Hafgrimsfjörd, Hralseyarfjörd . . . . (hier werden im Text noch mehrere Buchten beschrieben) . . . . ausserhalb Dyrnes, dann Isafjörd; von da kommt Utibliksfjörd; dann Stradafjörd, hierauf Midfjörd, welche alle bewohnt sind; von da liegt noch Kollufjörd, Dyrafjörd, Thorwaldsfjörd, Steinsfjörd, Bergthorsfjörd. Von hier sind für ein Sechsruderschiff noch sechs Tagreisen nach Vestbygda; dann sind von der Grenze von Vestbygda sechs Tagreisen nach Lysufjörd und nach Bjarneya; zwölf Tage sind zu rudern um Bjarneya und Eysucces herum bis Aedanes von der Nordseite. So werden einhundertundneunzig Niederlassungen (oder Villen) in Oestbygda und neunzig in Vestbygda aufgezählt.

Folgende Berichte verdanken wir dem Erzbischof Erich II. Walkendorf, von Drontheim, dem sechsundzwanzigsten der Reihenfolge, consecrirt 1512, welcher im Jahre 1516 eine neue Expedition zur Auffindung Grönlands veranlasste, und auch verschiedene Schriften, die sich auf jenes Land bezogen, sammelte. Davon sind noch Manuscripte und eine Ausgabe von Estrup in der königlichen Bibliothek zu Dresden zu finden. Eine englische Uebersetzung ist dem Werke: Purchas Pilgrims, London 1625, P. III. p. 518 sq. beigegeben unter dem Titel: Eine Abhandlung vom Grönländer Ivar Boty, übersetzt aus der norwegischen Sprache in das Hochdeutsche im Jahre 1560. Hierauf aus dem Hochdeutschen in das Plattdeutsche von dem Obersteuermann William Barentson von Amsterdam. Die nämliche Copie in Hochdeutsch ist in den Händen des Jodok Hondius. Und diese wurde aus dem Plattdeutschen in das Englische von dem Kaufmann Mr. William Sybri im Jahre 1608 übersetzt für den Gebrauch des Heinrich Hudson. Das Buch des William Barentson ist im Besitze des Meister Peter Plantius."

Die Beschreibung des Ivar Bardson übertrug Torfäus in seinem Buche über Grönland in das Lateinische, und benützte ausser der ersten dänischen Version und der Ausgabe des Clausenius eine isländische Copie, die jedoch in die dänische Sprache übersetzt war, und überdies noch die deutsche Ausgabe, welche zu Nürnberg im Jahre 1679 von S. v. V. als „Ausführliche Beschreibung Grönlands" veröffentlicht worden war. Der Text lautet: „So sagen erfahrene Männer, welche in Grönland geboren und erst kürzlich von dort hier angekommen sind, es sei vom nördlichen Theile Norwegens eine Seefahrt von sieben Tagen, gerade gegen Westen über Horn, an der östlichen Küste Islands hin gelegen............

Aus der Beschreibung Grönlands. Eine gute Strecke von Skagefjörd gegen Osten, wo sich keine Ansiedelungen befinden, ist Berefjörd, in dessen Bucht lange Sandbänke bei der Mündung sich zeigen, so dass keine grösseren Schiffe, ausgenommen bei der höchsten Fluth, einlaufen können; und wenn die Fluth sehr hoch eintritt, kommt eine ungeheuere Menge grosser Seefische in die Bucht hinein. Ueberhaupt fehlt es in Berefjörd niemals an Fischen. In dieser Bai ist der Fischfang auch allgemein, jedoch mit Bewilligung des Bischofes, denn die Bucht ist Eigenthum der Cathedrale. Auch eine Untiefe, genannt der Fischstrudel, befindet sich in dieser Bai, wohin sich die Fische zur Ebbezeit zurückziehen. Von Berefjörd weiter gegen Osten ist eine andere Bucht, welche von allen die längste sein soll; diese erweitert sich nach

einem engen Eingange aus der See in einen grossen
Flächeninhalt und dehnt sich in die Länge so weit aus,
dass Niemand das Ende kennt. Hier ist das Wasser
immer ruhig, dort und da erhebt sich eine kleine Insel,
auf welcher man sehr viele Vögel und Ueberfluss an
Eiern findet. An beiden Ufern erstreckt sich ebenes
Land, welches, so weit das Auge reicht, mit grünem
Grase bekleidet ist. Weiter nach Osten gegen den Eis-
berg befindet sich ein Seehafen, mit Namen Finnsbuda,
so genannt, weil schon zur Zeit des heiligen Olaf ein
Schiff an diesem Platze Schiffbruch gelitten hat, mit
welchem Schiffe, wie noch die Ueberlieferung in Grönland sagt, ein Beamter des heiligen Olaf mit mehreren
Andern den Tod im Meere gefunden hat; über die Gräber
der Verunglückten hat man grosse steinerne Kreuze errichtet, welche heute noch dort stehen. Segelt man noch
weiter gegen Osten dem Eisberge zu, so kommt man auf
eine grosse Insel, Korsaea genannt, wo die gewöhnliche
Jagd auf die weissen Bären gehalten wird, jedoch nur
mit Erlaubniss des Bischofes, weil diese Insel zur Cathedrale gehört. Von da an östlich kann man weder zu
Wasser noch zu Land etwas Anderes als Eis und Schnee
erblicken.

Kehren wir nun wieder zu den Colonien zurück. Es
wurde erwähnt, dass unter den Provinzen Grönlands
Skagefjörd an der östlichen Seite von Herjulfsnes liegt,
den bewohnten Gegenden der Ostküste am nächsten.
An der Westseite von Herjulfsnes liegt Ketilsfjörd,
welches ganz mit Villen besetzt ist. Fährt man in die
Bai, so hat man zur Rechten die Mündung eines grossen
Flusses. Nahe der Mündung befindet sich eine Kirche,
welche dem heiligen Kreuze geweiht ist und die an der
äusseren Linie bis Herjulfsnes Alles besitzt, Inseln und

Riffe und Auswürfe des Meeres, an der innern Linie aber Alles bis zur Petersbucht. An der Petersbucht ist ein grosser Strich Landes bewohnt und wird Vatsdal genannt; nahe dabei befindet sich ein zwei Meilen breiter See, welcher Fische im Ueberfluss liefert. Die St. Peterskirche besitzt das ganze Land von Vatsdal. Nicht weit von diesem Platze liegt ein grosses Kloster, von regulirten Kanonikern bewohnt. Die Kirche ist dem heiligen Olaf und dem heiligen Augustin geweiht. Das Kloster besitzt Alles von der innern Seite bis zum Ausgange der Bucht, und von der äussern Linie Alles auf der gegenüberliegenden Seite. Zunächst nach Ketilsfjörd kommt Rafnsfjörd, an dessen innern Theil der Bai das Nonnenkloster vom Orden des heiligen Benedikt sich befindet. Dieses Kloster besitzt alles Land von der innern Grenze bis zum Ausgange der Bai und von der äussern Linie bis zur Vogenser-Kirche, welche dem heiligen König Olaus geweiht ist. . . . . Dieser zunächst kommt Einarsfjörd, zwischen welchem und dem obengenannten Rafnsfjörd die grosse Hauptvilla liegt, welche dem König gehört und die Fossvilla genannt wird. Hier befindet sich eine prachtvolle Kirche, dem heiligen Nikolaus geweiht, deren Priester vom König angestellt werden. In der Nähe liegt ein grosser See, der sehr reich an Fischen ist; auch bleiben hier beim Rücktritt der Fluth oft viele Fische im Sande zurück. Wenn man in Einarsjörd einfährt, hat man zur Linken einen Meeresarm, Thorwaldswig genannt . . . . weiter nach Innen die Granavig, innerhalb welcher die Villa Daus liegt. Dringt man in die Bai vor, so findet man im Hintergrund die Cathedralkirche. . . . . Nach Einarsfjörd kommt man auf Hualsöerfjörd, wo die Hualsöerfjörder-Kirche liegt. Die grösste Gemeinde hat aus allen Kirchen, welche in Grönland bestehen, die Dyrneser-Kirche.......... Weiter in Eirichsfjörd befindet sich die Solfalenser-Kirche, welcher ganz Widfjörd gehört. Im innern Theile der Bucht steht die Leidenser-Kirche (curiale)....... Zwischen Oestbygda und Vestbygda liegt ein gänzlich unbewohnter Strich Landes von zwölf Meilen. Nahe an Vestbygda steht die grosse Kirche, die Steinneser genannt, welche für eine gewisse Zeit als Bischofskirche gedient hatte.

Jetzt bewohnen Skrälllinger diese ganze westliche Gegend; doch gibt es daselbst noch ziemlich viele Pferde, Ziegen, Rinder und Schafe, welche alle wild umherschweifen. Ivar Bardson, ein Grönländer von Geburt, welcher viele Jahre hindurch Verwalter der dem bischöflichen Stuhl von Gardar zugehörigen Güter war, hat uns selbst berichtet, dass er Obenerwähntes alles selbst gesehen habe, und dass er einer von denen gewesen sei, welche der Prätor nach dem westlichen Theile des Landes schickte, um die Skrällinger von dort zu vertreiben. Als sie aber dahin kamen, fanden sie keinen Menschen, weder Heiden noch Christen, sondern nur verwilderte Thiere, Rinder und Schafe, von denen sie so viele in ihre Schiffe nahmen, als diese tragen konnten; dann kehrten sie wieder nach Hause zurück. Einer von diesen war Ivar, dessen oben erwähnt wurde.

Zehntes Kapitel.

Leif, Eirich's Sohn, unternimmt im Jahre 1000 eine Entdeckungsreise nach den heutigen Neu-England-Staaten.

Der Inhalt der vorhergehenden Kapitel machte den freundlichen Leser mit einigen der Vorbereitungen bekannt, welche die göttliche Vorsehung getroffen hat, um von Grönland aus die erstmalige Glaubensverkündigung auf dem Festlande Amerika's zu bewerkstelligen. Es ist eine merkwürdige Thatsache, dass Grönland, welches in politischer Beziehung Freiheiten wie eine Republik genoss, der Annahme des Christenthums wenig Hindernisse entgegensetzte: dem Boden Grönlands entsprossten bald Blüthen, die für neue Länder Früchte brachten, und deren Same, gelegt in dem fremden Boden des amerikanischen Continentes, auch hier den Baum des Christenthums in frischer Lebenskraft aufwachsen liess. Zwar haben die wuchernden Lianen der Vergessenheit und Isolirung sich an dem Baum hinaufgerankt und haben dessen gesunde, kräftige Entwicklung unmöglich gemacht: das niedere, rauhe Gestrüppe wilder Naturreligion und heidnischen Aberglaubens raubte überwuchernd den Wurzeln die Lebenskraft. So starb der Baum ab, unbeachtet und vergessen, als einer der vielen Bäume des grossen grünen Gotteswaldes, in dem Alles seine Zeit, seine Entwicklungsperiode hat. Aber als Gottes mächtige Hand, da die Zeit gekommen war, eingriff, als ihr gewaltiges Walten den Gewissensdruck und all' die falschen Vorurtheile ausrodete, als der Boden licht und frei wurde, da „sprosste neues Leben auf den Ruinen", und weil es nun Zeit geworden, hebt frei und hehr der Gottesbaum der Kirche seine Aeste im Lande der Freiheit, und katholische Luft durchweht und durchrauscht wie frischer Wind den lebenskräftigen Eichenwald, durchbricht die jugendliche Pflanzung der apostolischen Kirche in den Vereinigten Staaten.

Kehren wir nun zu der Zeit zurück, wo die Vorsehung von Grönland aus für die Boten des Glaubens die Wege bahnte. Es geschah dieses besonders durch die Entdeckungsreisen, welche die Söhne Eirich's des Rothen, Leif, Thorwald und Thorstein, und nach ihnen Thorfinn Karlsefne u. A. unternahmen.

Zwei Bemerkungen sind jedoch den folgenden Mittheilungen nothwendig vorauszuschicken.

Für die Darstellung der genannten Entdeckungsreisen wurde die Heimskringla Peringskjöld's benützt und der auf unsern Gegenstand sich beziehende Text mit dem in Rafn's Antiquitates Americanae gegebenen verglichen. Was nun die Einzelheiten dieser Mittheilungen betrifft, so braucht wohl kaum bemerkt zu werden, dass bisweilen Sagenhaftes und Legendarisches mit dem Historischen jener kühnen Unternehmungen vermischt ist. Während Rafn gewöhnlich der indirekten Rede sich bedient, finden sich bei Peringskjöld viele Dialoge, von denen hier mehrere beibehalten wurden. Im Uebrigen aber sind alle Erzählungen der wichtigsten Ereignisse in wörtlicher Uebersetzung nach dem citirten Texte gegeben.

(44) Seitdem Björn von seinem Besuche beim Fürsten Eirich im Jahre 995 wieder nach Grönland zurückgekehrt war, theilten auch andere Männer die Ansicht des Fürsten, dass man jenes Land, welches Björn schon im Jahre 986 zufällig entdeckt hatte, genauer untersuchen solle. Björn selbst hatte nach seines Vaters Tod Besitz von seinem Erbe angetreten und war daher nicht mehr zum Reisen geneigt, sondern verkaufte sein eigenes Schiff an Leif, welcher den Entschluss gefasst hatte, eine Entdeckungsreise zu unternehmen. Er bemannte sein Schiff mit fünfunddreissig Matrosen, unter welchen sich auch ein Deutscher, Namens Tyrker, befand, der viele Jahre mit Leif's Vater gelebt hatte, und dem Leif als Knabe schon sehr zugethan war (45).

Im Jahre 1000 wurde die projektirte Reise unternommen; Eirich selbst sollte die Expedition leiten, Leif hatte ihn darum gebeten. Eirich lehnte zwar, sich entschuldigend, das Anerbieten ab, indem er sein hohes Alter vorschützte, welches ihn unfähig mache, die Beschwerden des Seelebens zu ertragen, wie er in seiner Jugend gewohnt war. Als aber sein Sohn Leif ihm vorstellte, welch' bedeutende Vortheile er dadurch seiner Familie erwerben könnte, musste er endlich doch zusagen. Nachdem Alles in Bereitschaft gesetzt war, bestieg Eirich ein Pferd, um nach der Bucht zu reiten, wo das Schiff vor Anker lag; allein unter Wegs stolperte

das Pferd und fiel auf solche Weise, dass dem Eirich
ein Fuss gequetscht wurde. Dieses Ereigniss veränderte
seinen Entschluss und er sprach: „Mir ist das Glück
nicht gegeben, noch andere Länder zu entdecken, als
dieses, welches ich bewohne, und ich werde daher auch
nicht mit euch weiter reisen." Hierauf kehrte er nach
seinem Hause in Brattalid zurück und Leif ging sogleich zur See. Zuerst kamen sie auf das Land, welches
Björn zuletzt gesehen hatte. Sie warfen die Anker und
stiegen an's Ufer. Da war kein Gras zu sehen, sondern
im Innern ragten viele Berge mit ewigem Schnee bedeckt empor, der Boden schien so unfruchtbar, als ob
ein ununterbrochenes Steinfeld sich vom Meeresufer bis
zu den schneebedeckten Bergen sich ausdehnte. Da
sprach Leif: „Uns ist nicht dasselbe begegnet wie dem
Björn, dass wir dieses Land nicht betreten hätten; darum
werde ich dem Lande einen Namen geben und nenne es
Helluland" (hella = Schiefer), das Land der felsigen
Ebene. Hierauf kehrten sie zum Schiffe zurück, stachen
in die hohe See und entdeckten bald darauf ein anderes
Land. Sie fuhren nicht mit dem Schiffe zum Lande,
sondern warfen Anker und liessen das kleine Boot hinab,
um an das Ufer zu gelangen. Dieses Land war eben
und mit Wäldern bewachsen. So weit sie umhergingen,
war überall weisser Sand und niedriges Gestade. Hier
sagte Leif zu seinen Gefährten, diese Gegend müsse nach
dem genannt werden, woran sie den grössten Ueberfluss
habe, darum nenne er sie Markaland, d. i. Waldland.
Da sie jetzt einen günstigen Wind wahrnahmen, so eilten
sie zum Schiffe, spannten die Segel, hielten sich in die
hohe See mit einem Nordost-Winde und segelten zwei
Tage lang, ehe sie wieder auf Land stiessen. Endlich
erblickten sie eine Insel, welche nach Norden, in der

Richtung vom Hauptlande lag, und sie landeten an einem schönen Tage. Auf dem Lande entdeckten sie an Gras und Gesträuch zu ihrer Freude wohlschmeckendes Honigthau. Hierauf kehrten sie zum Schiffe zurück, spannten die Segel und fuhren in einen Meerbusen, der sich zwischen der Insel und einer Landzunge gegen Norden erstreckt; sie segelten in westlicher Richtung bei der Landzunge vorbei. Sie bemerkten, dass hier die Ebbe sehr viel Land trocken lasse und dass es eine lange Strecke sei von dem Orte, wo ihr Schiff stand, bis zum Meere. Sie wurden von Begierde getrieben, an's Land zu steigen, und wollten nicht mehr auf dem Schiffe bleiben, bis die eintretende Fluth das Schiff heben würde, sondern sie gingen an dem Orte an's Land, wo ein Fluss aus einem See mündet. Als aber die Fluth das Schiff gehoben hatte, nahmen sie das Boot und ruderten zum Schiff, nahmen es in's Schlepptau und zogen es zuerst in den Fluss und von da in den See. Hier warfen sie Anker, brachten ihr Gepäcke aus dem Schiffe und errichteten provisorische Hütten zur Wohnung. Hierauf fassten sie den Entschluss, an diesem Orte ihr Winterquartier aufzuschlagen, desshalb führten sie grosse Gebäude auf, welche später Leifsbudir, d. i. Leifshütten, genannt wurden. Sowohl im Flusse, wie auch im Landsee und im Meere fanden sie eine solche Menge von Salmen, wie sie in ihrem Leben noch nie gesehen hatten. Der Boden brachte sehr schmackhafte Früchte hervor. Wie vortrefflich das Land war, lässt sich daraus erkennen, dass man für die Hausthiere kein Winterfutter zu besorgen hatte, denn das Gras vertrocknete nicht und stand nur wenig ab, auch war kein Eis im Winter. Die Tage waren mehr gleich lang, als in Grönland oder in Island; am kürzesten Tage wurde es schon gegen Frühstückszeit hell

und die Sonne erschien zwischen sieben und acht Uhr
über dem Horizont. Nachdem die Gebäude vollendet waren, sprach Leif
zu seinen Genossen: „Jetzt müssen wir unsere Mannschaft in zwei Parteien theilen, denn ich will das Land
auskundschaften; abwechselnd bleibe die eine Hälfte
zu Hause, während die andere in das Land vordringt,
aber gehet nie zu weit fort, so dass ihr immer jeden
Abend wieder nach Hause kommen könnet und trennet
euch nie von einander auf dem Wege." Damit wurde
nun einige Zeit zugebracht. Leif that dasselbe wie seine
Leute, er ging den einen Tag auf Erforschung des Landes
und blieb den andern Tag zu Hause. Leif war ein Mann
von vorzüglichen Geistesgaben und zugleich von stattlichem Körperbau und ausdauernder Kraft; er war klug
und in Allem gemässigt, daher sehr geeignet zur Ausführung grosser Unternehmungen. Eines Abends ereignete es sich, dass ein Mann aus der Gesellschaft fehlte,
und dieser war der oben erwähnte Deutsche, Namens
Tyrker. Leif wurde dadurch sehr betrübt und hielt
seinen Leuten ihre Nachlässigkeit vor. Hierauf wählte
er sogleich zwölf Mann aus und machte sich selbst mit
diesen auf den Weg, um den Verlornen zu suchen. Nachdem sie eine kurze Strecke zurückgelegt hatten, begegnete ihnen Tyrker und Alle waren über dessen Ankunft
erfreut. Leif selbst hatte bereits durch viele Beweise erkannt, dass sein Schützling vortreffliche Anlagen und
ein sehr gutes Gemüth besass. Tyrker war von zartem
Körperbau, hatte sanfte Gesichtszüge, schnelle Augen
und war ein geschickter Mechaniker. Ihn redete Leif
an: „Warum kommst du so spät zurück und warum hast
du dich von deinen Genossen getrennt? — Tyrker liess
seine Augen hin- und herschweifen und antwortete zuerst

in deutscher Sprache, da aber die Umstehenden ihn nicht
verstanden, sprach er nach einigem Bedenken in norwegischer Sprache: „Ich bin nicht zu weit von hier entfernt gewesen, aber ich habe etwas Neues zu berichten:
ich habe Weinstöcke und Trauben gefunden." „Ist
dieses auch wahr, mein Alter?" frug Leif. „Es ist wirklich wahr," entgegnete jener, „denn auch dort, wo ich
erzogen wurde, gab es sehr viele Weinreben und Trauben."
Diese Nacht widmeten sie dem Schlafe und am folgenden Morgen sprach Leif zu seiner Mannschaft: „Jetzt
haben wir abwechselnd zwei Geschäfte zu besorgen,
nämlich Trauben zu sammeln und Bauholz für die Ladung des Schiffes in Bereitschaft zu richten." Damit
waren auch Alle wohl zufrieden und sie füllten das lange
Boot des Schiffes mit Weintrauben und beluden das
grosse Schiff mit zubehauenen Baumstämmen. Es fanden
sich daselbst Felder mit Weizen, der von selbst wuchs
und auch Mosur-Bäume; von jedem nahmen sie etwas
als Muster mit sich; von den Bäumen aber so viel als
hinreichte, um ein Haus zu bauen. Im Frühjahre trafen
sie Anstalt zur Abreise. Dem Lande aber gab Leif
wegen der Fruchtbarkeit an Wein den Namen Vinland, d. i. Weinland, das Gute. Sie gingen jetzt zur
See und segelten mit günstigen Winden, bis sie die Schneeberge Grönlands erblickten. Da frug einer der Matrosen
den Leif, warum er das Schiff so hart gegen den Wind
steure. Leif entgegnete: „Ich habe Acht auf das Steuer,
aber ich beobachte auch etwas Anderes; ihr aber, sehet
ihr nichts Neues?" Sie antworteten, sie können nichts
sehen, was des Erwähnens werth wäre. Da sagte Leif:
„Ich weiss nicht, ob ich ein Schiff sehe oder eine Insel."
Als sie den Gegenstand genauer in Augenschein nahmen,
erkannten sie, dass es aus dem Wasser hervorragende

Felsklippen seien. Leif, der ein schärferes Auge als die
übrigen hatte, erspähte mehrere Menschen, die auf den
Klippen sassen. Da sprach er zu seinen Leuten, er
wolle jetzt versuchen, noch härter gegen den Wind zu
segeln, bis sie soweit dahin gelangen, dass sie jenen
unglücklichen Menschen, welche seines Beistandes bedürfen, zu Hilfe kommen könnten. „Sind es auch
Feinde," schloss er, „so ist es keine schwierige Aufgabe für die Stärkeren, sie zu überwinden, und überdies ist von ihnen keine Gewalt zu fürchten." Als sie
den Klippen nahe waren, wandten sie das Schiff, warfen
Anker und setzten ein Boot aus, welches sie für solche
Fälle mit sich führten. Tyrker fragte alsdann die
Schiffbrüchigen, wer ihr Anführer sei. Man antwortete
ihm: Thorer, von norwegischer Abstammung; zugleich
fragte auch Thorer um den Namen dessen, der zu ihm
herangefahren war. Als nun Leif seinen Namen bekannte, frug Thorer weiter, ob er etwa ein Sohn Eirich's
des Rothen sei? Leif bejahte es und meldete ihm, dass
er ihn mit allen seinen Leuten so viele ihrer seien und
auch von ihrem Gepäcke und Waaren, so viel das Schiff
fassen könnte, aufnehmen wolle. Thorer und seine Mannschaft machten mit Dank von diesem Wohlwollen Gebrauch. Hierauf wurden die Segel wieder gespannt und
sie langten bald in Grönland an, legten ihr Schiff in
Brattalid bei und brachten ihre Ladung an's Land. Leif
wollte sich nun dem Thorer noch mehr gefällig erzeigen
und lud ihn ein, nebst seiner Gemahlin Gudrida und
dreien seiner Gefährten in seinem eigenen Hause zu
bleiben; für die übrigen Begleiter Thorer's besorgte er
andere Wohnungen. In Allem hatte Leif fünfzehn Menschen
von den Klippen im Meere das Leben gerettet, weshalb
er nun auch den Zunamen Fortunatus, d. i. der Be-

glückte erhielt. In der That, Leif hatte sich nicht blos Reichthümer, sondern auch einen guten Namen und grosses Ansehen unter dem Volke erworben. Im folgenden Winter wurden sie von einer ansteckenden Krankheit heimgesucht, welcher Thorer und mehrere seiner Gefährten, sowie auch Eirich der Rothe erlagen.

Eilftes Kapitel.

Thorwald, der Bruder des Leif, unternimmt eine Entdeckungsreise. — Die Skrällinger in Weinland. — Kampf mit den Eingebornen. — Thorwald's Tod. — Thorstein's misslungenes Unternehmen.

Die Nachricht von der glücklichen Entdeckungsreise Leif's verbreitete sich allmälig mehr und mehr. Dem Thorwald, einem Bruder Leif's, aber schien es, als ob das entdeckte Land noch nicht mit gebührender Aufmerksamkeit und hinlänglichem Fleisse untersucht worden sei; deshalb sprach Leif eines Tages zu Thorwald: „Wenn du solch' ein Verlangen trägst, Weinland zu sehen, so nimm mein Schiff und fahre dahin." Leif selbst hatte schon im Sinne gehabt, sein Schiff nach jenen Klippen zu schicken, um das Holz zu holen, welches Thorer daselbst zurückgelassen hatte. Und so begab sich denn Thorwald unter Zustimmung seines Bruders mit dreissig

Matrosen auf die Reise. Nachdem Alles in Bereitschaft war, wurden die Anker gelichtet, die Segel aufgezogen und sie kamen auf die hohe See im Jahre 1002. Ueber die Einzelnheiten dieser Reise ist uns kein weiterer Bericht hinterlassen, bis sie nach Weinland kamen, wo sie an dem nämlichen Platze landeten, wo Leif sein Leifsbudir erbaut hatte. Hier überwinterten sie und verlegten sich auf den Fischfang zu ihrem Lebensunterhalt. Im Frühlinge des Jahres 1003 sandte Thorwald einige seiner Leute mit dem Langboote des Schiffes zur Auskundschaftung des Landes südwärts. Sie fanden ein schönes, gut bewaldetes Land; es war nur ein schmaler Raum zwischen dem Walde und dem Meere und eine ausgedehnte Bank weissen Sandes, auch vielen Inseln und seichten Stellen begegneten sie. Wo immer sie landeten, fanden sie keine Spuren, dass jemals Menschen vor ihnen dort gewesen, ausgenommen auf einer gegen Westen gelegenen Insel, auf welcher sie eine Kornscheune aus Holz erblickten. Erst im Herbste kehrten sie nach Leifsbudir zurück. Im folgenden Sommer des Jahres 1004 segelte Thorwald mit seinem grossen Schiffe gegen Osten, und hierauf segelte er um die Landseite herum gegen Norden. Hier vor einer gewissen Landzunge erfasste ihn ein heftiger Sturm, der das Schiff mit solcher Heftigkeit gegen das Land trieb, dass der Kiel des Schiffes brach. Hier verweilten sie lange Zeit, um das Schiff wieder herzustellen. Thorwald sprach zu seinen Gefährten: „Es ist meine Absicht, dass wir auf dieser Landzunge den Schiffskiel errichten und den Ort Kialarnes = Kielsspitze, nennen;" und sie thaten so. Nachdem das Schiff wieder hergestellt war, schifften sie von da weiter der östlichen Küste des Landes entlang, nach den nächsten Buchten und erreichten ein hinausragendes

Vorgebirg, welches durchgehends mit Wald überwachsen war. Hier brachten sie das Schiff in einen Hafen, legten Brücken vom Schiffe auf die Küste und Thorwald stieg mit allen seinen Leuten an das Land. Alsdann sprach er: „Hier ist ein lieblicher Platz, hier wünschte ich meine Villa zu erbauen." Als sie zum Schiffe zurückkehrten, da sahen sie im Sande innerhalb des Vorgebirges drei kleine Erhöhungen; sie begaben sich dahin und erblickten daselbst drei Canoes und unter jedem drei Mann. Hierauf entstand ein Kampf, sie nahmen alle fest bis auf einen, der mit seinem Canoe entfloh. Sie tödteten die acht, kehrten zum Vorgebirg zurück und spähten um sich, da erblickten sie im innern Meerbusen einige Erhöhungen, welche sie für Wohnungen hielten. Hierauf wurden sie von einem so drückenden Schlafe überfallen, dass sie nicht mehr im Stande waren, die Wache zu halten, und so kam es, dass Alle schliefen. Da ertönte plötzlich ein Geschrei, wodurch Alle erwachten. Die Stimme rief folgender Weise: „Wache, Thorwald, und deine ganze Manuschaft, wenn du dein Leben retten willst; und besteige dein Schiff, du und alle deine Gefährten, und fahret vom Lande weg so schnell als möglich." Hierauf fuhr aus dem innern Meerbusen eine unzählige Menge von Canoes herbei und sie bereiteten sich zum Angriff. Jetzt sprach Thorwald: „Lasst uns die Brustwehre an die Seiten des Schiffes bringen und wir vertheidigen uns so tapfer als möglich, aber wir verfolgen sie nicht."

So machten sie es; die Skrällinger (die Eingebornen) schossen eine Zeit lang mit Pfeilen auf sie, hierauf aber ergriffen sie eiligst die Flucht. Thorwald fragte hierauf die Seinigen, ob einige aus ihnen verwundet worden wären. Sie verneinten es; da sagte er: „Ich habe eine

Wunde unter dem Arme erhalten, als ein Pfeil zwischen der Brustwehr des Schiffes und meinem Schilde mir unter den Arm fuhr; sehet hier den Pfeil, das wird mir den Tod bringen. Jetzt ist meine Meinung, dass ihr euch so schnell als möglich zur Abreise rüstet, mich aber bringet ihr auf das Vorgebirg, welches mir ein sehr angenehmer Platz zur Wohnung schien; es kann leicht sein, dass mir wahre Worte aus dem Munde kamen und dass ich dort auch eine Zeit lang wohnen werde. Dort begrabet mich und errichtet Kreuze beim Haupte und zu den Füssen, und nennet den Ort für immer Krossanes" (das Vorgebirg der Kreuze oder Kreuzspitze = Kreuz-Cap). Zur selben Zeit hatte Grönland das Christenthum schon angenommen. Thorwald starb und seine Leute errichteten Alles so, wie er befohlen hatte. Hierauf kehrten sie zu ihren Genossen nach Leifsbudir zurück und erzählten sich gegenseitig, was sich zugetragen hatte. Den folgenden Winter brachten sie hier noch zu und beluden ihr Schiff mit Holz und Trauben. Gleich mit Anbruch des Frühlings rüsteten sie sich zur Reise nach Grönland; im Jahre 1005 landeten sie in Eirichsfjörd und brachten dem Leif Nachricht über das, was sich zugetragen hatte.

Unterdessen hatte sich Thorstein, der dritte Sohn Eirich's, mit Gudrida, der Tochter Thorbjörn's und Wittwe des verstorbenen Thorer, dessen oben Erwähnung geschah, vermählt. Auch des Thorstein's bemächtigte sich die Begierde, nach Weinland zu reisen und die Leiche seines Bruders Thorwald nach Grönland zu bringen. In dieser Absicht erwarb er sich ein Schiff, besetzte es mit einer auserlesenen Mannschaft von fünfundzwanzig Matrosen und nahm auch seine Gemahlin Gudrida mit sich. Als Alles in Bereitschaft war, spannten sie die Segel und verloren bald das Land aus den Augen. Den ganzen Sommer hindurch wurden sie auf dem Meere umhergeworfen, ohne zu wissen, wohin ihr Schiff getrieben wurde, bis sie endlich gegen Ende der ersten Woche des Winters*) in der Bucht von Lysufjörd, an der Westküste Grönlands landeten. Thorstein besorgte hier für alle seine Leute Winterquartiere; nur für sich und seine Gemahlin hatte er noch nichts bereitet, und musste daher noch auf dem Schiffe wohnen. Eines Tages ereignete es sich, dass einige Männer früh Morgens sich dem Lager nahten. Auf die Frage, wer ihr Führer sei, antwortete dieser: Er heisse Thorstein, mit dem Zunamen der Schwarze, und sei in der Absicht gekommen, dem Thorstein und dessen Gemahlin seine Gastfreundschaft anzubieten. Thorstein gab zu erkennen, dass er diese Sache seiner Gemahlin überlasse, sie aber überliess es seinem Gutdünken, weshalb er das Anerbieten annahm. Thorstein der Schwarze sprach hierauf: Er werde also morgen mit Lastthieren kommen und sie nach seinem Hause geleiten, er habe Alles, was nöthig ist, um ihnen eine Herberge zu bereiten; jedoch da er ganz in der Einsamkeit lebe, möchte es ihm langweilig erscheinen, überdies habe er auch eine von der ihrigen verschiedene Religion; jedoch glaube er, dass die ihrige die vorzüglichere sei.

Seinem Versprechen gemäss kam Thorstein der Schwarze am nächsten Morgen mit Pferden, um seine

---

*) Den Anfang des Winters rechneten die alten Norweger vom 14. Oktober an. S. Finni Magnusen, de Calendario veterum Borealium ad calcem 3. Volum. Edda, Hafnia, pag. 1115.

Gäste abzuholen und als sie bei seinem Hause angelangt waren, wurde ihnen ein ehrenvoller Empfang bereitet. Gudrida war eine ansehnliche Frau, klug und wohlerfahren im Umgange mit Menschen. Während dieses Winters brach eine ansteckende Krankheit aus, welche mehrere der Leute Thorstein's, des Eirich's Sohn, dahinraffte. Thorstein liess die Leichen in Särgen auf das Schiff bringen, in der Absicht, dieselben im nächsten Sommer in der Heimath zu Eirichsfjörd zu begraben. Nach kurzer Zeit wurde auch Thorstein's Familie von der Krankheit überfallen. Seine Gemahlin, Namens Grimhild, die sich bis dahin einer robusten Gesundheit erfreut hatte, fiel als erstes Opfer der Seuche. Fast zu gleicher Zeit wurde Thorstein, Eirich's Sohn, von der Krankheit ergriffen; es währte nicht lange, bis er starb. Gudrida war voll Trauer, sie sass auf einem Stuhle vor dem Leichenbette ihres Gemahls. Thorstein, der Hausherr, suchte sie zu trösten, indem er ihr versprach, sie nebst den Leichen Thorstein's und seiner Genossen nach Eirichsfjörd zu bringen. Sie dankte ihm. Unterdessen richtete sich Thorstein, des Eirich's Sohn, wieder auf und sprach: „Wo ist Gudrida?" Dreimal wiederholte er diese Worte, sie aber schwieg. Alsdann frug sie den Hausherrn Thorstein, ob sie Antwort geben solle oder nicht? Dieser verneinte es. Er selbst schritt im Gemache auf und ab, setzte sich dann und sprach: „Was willst du, Namensgefährte?" Jener antwortete nach einiger Zeit: „Ich habe ein Verlangen, das Schicksal der Gudrida zu verkünden, damit sie meinen Tod leichter ertrage; denn ich bin in einem guten Ruheplatze. Dir aber, Gudrida, ist zu sagen, dass du einen Isländer heirathen wirst, mit dem du lange leben wirst; ihr werdet eine zahlreiche und berühmte Nachkommenschaft

haben; aus Grönland werdet ihr nach Norwegen und
von dort nach Island ziehen, wo ihr eueren Wohnsitz
aufschlagen und lang wohnen werdet; du wirst deinen
Mann überleben, und eine Reise nach dem Osten unternehmen (um heilige Orte zu besuchen), dann wirst du
auf deine Villa in Island zurückkehren, dort wird ein
heiliges Gebäude errichtet sein, darin wirst du verweilen
und in ein Nonnenkloster aufgenommen werden, daselbst
wirst du sterben." Nach diesen Worten fiel Thorstein
wieder zurück; man ordnete seine Leiche und brachte
sie auf das Schiff. Thorstein aber vollzog Alles mit
Treue, wie er es der Gudrida versprochen hatte. Im
folgenden Frühjahre verkaufte er sein Landgut und sein
Vieh, brachte Gudrida und all' das Ihrige auf das Schiff,
welches er wohl ausgerüstet und mit Matrosen bemannt
hatte und reiste nach Eirichsfjörd. Die Leichen be-
gruben sie in geweihter Erde neben der Kirche. Gudrida
begab sich nach Brattalid zu Leif, Thorstein der Schwarze
aber richtete sich eine Villa ein zu Eirichsfjörd, hier
wohnte er seine übrige Lebenszeit von Allen geschätzt
als ein thätiger Mann.

Zwölftes Kapitel.

Thorfinn Karlsefne gründet eine Niederlassung in Weinland. — Freydisia, Helge und Finnboga unternehmen eine Reise dahin.

Im Sommer des Jahres 1006 landeten in Grönland zwei Schiffe aus Island. Das eine war befehligt von einem Manne, Namens Thorfinn Karlsefne. Dieser war ein Sohn des Thordun Hesthöfdi und ein Enkel des Snorri Thordi von Höfdi. Thorfinn Karlsefne war sehr reich und von berühmter Abstammung. Unter seiner Begleitung befand sich Snorri Thorbrandson, ebenfalls ein Mann von hervorragender Familie. Das andere Schiff stand unter dem Befehl des Bjarne von Breidafjord und des Thorhall Gandeson von Austfjord. Den Winter brachten sie zu Brattalid bei Leif, des Eirich's Sohn, zu, und feierten daselbst die Weihnachtsfeste. Während dieses

Winters versprachen sich Thorfinn und Gudrida, die
Wittwe Thorstein's, mit Einwilligung ihres Schwagers
Leif, die Ehe und feierten ihre Vermählung. Bei diesen
Gelegenheiten bildeten, wie auch früher, die Entdeckungs-
reisen in Weinland den beliebten Gegenstand des Ge-
spräches in Gesellschaften. Alle stimmten mit ihrer Meinung darin überein, dass
Thorfinn der geeignete Mann für ein solches Unternehmen
wäre, und endlich liess er sich auch überreden, den
Entschluss zu fassen. Im Frühlinge des Jahres 1007
rüsteten Karlsefne und Snorri ihre Schiffe für die Reise;
Bjarne und Thorhall thaten ihrerseits dasselbe. Ein
drittes Schiff, nämlich jenes, in welchem Thorbjörn, der
Vater Gudrida's, einst nach Grönland gekommen war,
stand unter dem Befehle Thorward's, welcher mit Freydisia, der Tochter Eirich's des Rothen, vermählt war;
auf diesem Schiffe befand sich ein Mann, Namens Thorhall, welcher lange Zeit in Eirich's Diensten gestanden
war, nämlich im Sommer als Jäger und im Winter als
Hausmeister; er besass die beste Ortskenntniss der unbewohnten Gegenden Grönlands. Die ganze Mannschaft
bestand aus einhundertundvierzig Mann. Da sie
die Absicht hatten, eine bleibende Colonie zu gründen,
so nahmen sie auch alle Arten von Hausthieren mit sich.
Zuerst segelten sie nach Westerbygd und von da nach
Biarney, d. i. Disko. Hierauf steuerten sie in südlicher
Richtung nach Helluland, wo sie viele Füchse fanden.
Alsdann fuhren sie wieder zwei Tage lang in südlicher
Richtung und kamen nach Markland, wo sie viel Holz
und Wild sahen. Sie verliessen dieses und setzten ihren
Weg zur See in einer südwestlichen Richtung fort, wäh-
rend sie das Land zur Rechten hatten, bis sie nach
Kialarnes kamen, wo sie lange Sandbänke, sandige

Ufer und nur Sand erblickten, dieses nannten sie Furdustrandir. Nachdem sie dieses passirt hatten, fanden sie das Land durch Buchten eingeschnitten. Unter ihrer Mannschaft hatten sie auch zwei Schottländer, mit Namen Hake und Hekla, welche sehr schnell zu Fuss waren. Leif hatte sie von Olaf Tryggvason, dem Könige Norwegens, erhalten. Diese setzten sie nun hier an das Land mit dem Auftrage, in südwestlicher Richtung zu laufen, um das Land auszuforschen. Nach Verlauf von drei Tagen kamen diese wieder zurück und brachten Weintrauben und Weizenähren mit sich, welche in jener Gegend wild wachsen. Von da setzten sie ihre Reise weiter, bis sie zu einem Platze kamen, wo eine Meerenge weit in das Land hineindrang; vor dem Eingange war eine Insel, um welche sich starke Strömungen zogen, das Gleiche war auch der Fall weiter oben in der Meerenge. Auf dieser Insel befand sich eine zahllose Menge von Eidergänsen, so dass man kaum umhergehen konnte, ohne auf deren Eier zu treten. Die Insel nannten sie Straumey, d. i. Strom-Insel, und die Meerenge Straumfjörder, d. i. Strom-Furth. An der Küste dieser Enge landeten sie und machten Vorbereitungen für ihre Winterquartiere. Da das Land ausserordentlich schön war, so beschäftigten sie sich nur mit der Auskundschaftung desselben; doch Thorhall wünschte dann in einer nördlichen Richtung zu segeln, um Weinland aufzufinden. Karlsefne jedoch zog vor, nach Süd-Westen zu fahren. Thorhall nahm acht Mann mit sich und trennte sich von der übrigen Gesellschaft; er segelte bei Furdustrandir und bei Kialarnes vorbei, wurde aber dann von einem westlichen Sturmwind bis an die Küste von Irland getrieben, wo er und seine Leute, gemäss den Berichten von Kaufleuten, überwältigt und zu Sklaven gemacht wurden. Karlsefne segelte zugleich mit Snorri und Biarne und allen Uebrigen, im Ganzen einhundertundeinunddreissig Mann, in südlicher Richtung und sie gelangten zu einem Platze, wo ein Fluss aus einem See in das Meer mündet. Der Mündung des Flusses gegenüber lagen grosse Inseln; sie steuerten in den See und nannten den Platz Hop. Auf den Niederungen fanden sie Felder von wild wachsendem Weizen und auf den Anhöhen Weinreben. Als sie eines schönen Morgens die Gegend betrachteten, bemerkten sie eine grosse Anzahl von Canoen. Man gab freundliche Zeichen und die Canoes kamen näher heran, die Eingebornen sahen voll Erstaunen auf die Menschen, denen sie hier begegneten. Hierauf ruderten sie südwestlich um die Landzunge, und da Karlsefne einen weissen Schild als Friedenszeichen aufgesteckt hatte, näherten sie sich alsbald und begannen ihren Tausch-Handel. Am liebsten nahmen sie rothes Tuch und gaben dafür Pelze und Häute. Sie wünschten auch Schwerter und Lanzen zu kaufen, allein Karlsefne und Snorri hatten ihren Leuten auf's Strengste verboten, Waffen zu verkaufen. Für einen ganz grauen Pelz nahmen die Skrällinge ein Stück Tuch von der Breite einer Spanne, um es um den Kopf zu binden. Dieser Handel wurde einige Zeit auf ähnliche Weise fortgesetzt. Als die Normänner bemerkten, dass ihr Vorrath an Tuch bald zu Ende kommen werde, schnitten sie noch schmälere Streifen, und dennoch gaben die Skrällinge für diese so viel, als sie vorher für die grösseren Stücke gegeben hatten. Karlsefne liess auch Milchsuppe aus seinem Hause bringen, und als die Skrällinge davon gekostet und es sehr wohlschmeckend gefunden hatten, fingen sie an, auch dafür zu handeln und trugen so ihren Tausch im Magen davon. Eines Tages, während sie eben so beschäftigt waren, kam ein Stier, den Karlsefne auch mitgebracht hatte, brüllend aus dem nahen Gehölze und erschreckte dadurch die Skrällinge so sehr, dass sie augenblicklich nach ihren Canoes eilten und in südlicher Richtung davonruderten. Einer sehr glücklichen Beute bemächtigten sich Karlsefne's Leute einmal, als ein ungeheurer Wallfisch durch die Fluth des Meeres an den Sand des Ufers getrieben wurde. Auch Bäume liess Karlsefne fällen und für den Schiffsbau zubereiten und auf dem Sande trocknen. Der grösseren Sicherheit wegen hatte er seine Gebäude mit hohen Palisaden umgeben. Um diese Zeit gebar Karlsefne's Gemahlin, Gudrida, einen Sohn, der den Namen Snorri erhielt.

Im Anfange des folgenden Winters kamen die Skrällinge wieder, aber in viel grösserer Anzahl, und gaben durch lautes Rufen Anzeichen von Feindseligkeiten. Eines Tages wurde ein Skrälling von einem aus Karlsefne's Knechten, dessen Waffen er sich aneignen wollte, getödtet. Die Uebrigen ergriffen die Flucht, jedoch nur, um bald wieder zu kommen. Karlsefne liess den rothen Schild aushängen, und beide Parteien rückten sich näher zum Kampfe. Pfeile flogen, Speere wechselten, Lanzen brachen. Die Skrällinge hatten auch eine Art von Kriegsschleuder. Auf einer Stange hatten sie eine grosse Kugel, ungefähr von der Grösse des Magens eines Schafes und von bläulicher Farbe; diesen Ball oder Kugel schleuderten sie unter Karlsefne's Leute, wo er mit fürchterlichem Knalle auf den Boden fiel und die Männer in solchen Schrecken versetzte, dass sie dem Flusse entlang flohen. Einer der Skrällinge hatte ein grönländisches Beil gefunden, er betrachtete es und schwang es so unvorsichtig um sich, dass er seinen nächst Stehenden zu Boden streckte. Da war ein Mann unter ihnen, der sich durch Körperstärke, Grösse und Wohlgestalt vor Allen auszeichnete, und den Karlsefne für ihren Häuptling hielt, dieser ergriff das Beil und schleuderte es weit hinaus in das Wasser. Alsdann gaben die Skrällinge den Kampf auf und eilten mit grösster Schnelligkeit von dannen. Karlsefne kam zur Ueberzeugung, dass, obwohl dieses Land grosse Vortheile darbiete, sie dennoch ein unangenehmes Leben hier hätten, indem sie beständig den feindlichen Angriffen der Eingebornen ausgesetzt wären. Auch Thorbrand Snorrison war im letzten Kampfe gefallen. So machten sie Vorbereitungen, um im nächsten Frühjahre von hier abzuziehen, mit dem Vorsatze, nach ihrer alten Heimath zurückzukehren.

Sie segelten östlich und kamen nach Stromfurth. Hier nahm Karlsefne eines der Schiffe und fuhr aus, um Thorhall aufzusuchen, während die Uebrigen hier blieben. Sie steuerten nördlich um Kialarnes herum und wurden dann gegen Nordwest getrieben. Das Land hatten sie zur Linken. Da waren dichte Waldungen, so weit sie sehen konnten in jeder Richtung, kaum erschien ein offener Platz. Sie glaubten, dass die Hügel von Hop und diese, welche sie jetzt sahen, eine ununterbrochene Reihe bilden.

Den dritten Winter brachten sie in Stromfurth zu. Snorri, Karlsefne's Sohn, war jetzt drei Jahre alt. Als sie von Weinland absegelten, hatten sie südlichen Wind und kamen nach Markland, wo sie fünf Skrällingen begegneten, von denen sie zwei gefangen nahmen und auf ihr Schiff brachten. Es waren zwei Knaben; diese lehrten sie die norwegische Sprache und tauften sie.

Diese Knaben erzählten, dass ihre Mutter Vethildi und ihr Vater Uvange hiessen; sie sagten, die Skrällinge werden von Häuptlingen regiert, deren einer den Namen Avaldamon und der andere den Namen Valdidida führe, sie hätten keine Häuser, sondern wohnten in Hütten und Höhlen.

Biarne Grimolfson wurde in den irländischen Ocean getrieben und gelangte in Gewässer, welche voll von Würmern waren, so dass sein Schiff zu sinken begann. Einige aus der Mannschaft retteten sich jedoch in dem kleinen Boote, dessen Boden sie mit Theer aus Seehundöl bestrichen hatten, welches das beste Mittel sein soll, um irgend einen Gegenstand von Würmern zu bewahren.

Karlsefne aber setzte seine Reise nach Grönland fort und langte unbeschädigt in Eirichsfurth an.

Freydisia, Helge und Finnboge unternehmen eine Reise nach Weinland.

Man sprach jetzt wieder viel über die Expeditionen nach Weinland, vorzüglich erblickte man darin eine günstige Gelegenheit, um sich Ruhm und Reichthümer zu erwerben. Im Laufe des nämlichen Sommers, des Jahres 1011, in welchem Karlsefne aus Weinland zurückgekehrt war, kamen zwei Schiffe aus Norwegen nach Grönland, welche von zwei Brüdern aus Austfjord in Island, mit Namen Helge und Finnboge befehligt wurden. Als diese nun den folgenden Winter in Grönland zubrachten, kam eines Tages Freydisia aus Gardar zu ihnen und machte ihnen den Vorschlag zu einer Reise nach Weinland unter der Bedingung, dass sie allen Gewinn, den die Reise abwerfen würde, zu gleichen Theilen unter sich vertheilen. Als sie damit übereingekommen waren, schlossen Freydisia und die genannten Brüder einen gegenseitigen Vertrag, dass jede Partei dreissig waffenfähige Mann an Bord ihres Schiffes nehme, nebst einigen Weibern. Alsdann begab sich Freydisia zu ihrem Bruder Leif und bat ihn, er möchte ihr die Gebäude schenken, welche er in Weinland errichtet hatte. Allein Leif entgegnete, er wolle sie ihr leihen, keineswegs aber schenken. Freydisia nahm jetzt zu den dreissig Mann noch um fünf Mann mehr, welche sie im Schiffe verbarg, so dass die Brüder dieselben nicht gewahr wurden, bis sie in Weinland ankamen. Freydisia war demnach schon vom Vertrage abgewichen. Sie hatten sich also zur See begeben, um, wie es verabredet war, die Reise in Gesellschaft zu machen, und es ging ziemlich gut; doch kamen die Brüder zuerst nach Weinland, es war im Jahre 1012, schon hatten sie ihr Gepäck nach den Gebäuden des Leif gebracht, als Freydisia landete. Nachdem ihr Schiff entladen und das Gepäck nach den Gebäuden gebracht war, sprach sie zu den Brüdern: „Warum habt ihr euer Gepäck in diese Gebäude gebracht?" Diese erwiederten: „Weil wir glaubten, dass dieses Alles mit unserm Vertrage eingeschlossen sei." Sie aber sprach: „Mir hat Leif diese Gebäude geliehen, nicht aber euch." „Du hintergingest uns mit List," entgegnete hierauf Helgius. Sie schafften daher ihr Gepäck weiter und erbauten ein Haus für sich; sie legten es am Ufer des See's etwas weiter vom Meere entfernt an, führten ein dauerhaftes Gebäude auf und umgaben es mit festen Palisaden. Freydisia liess nun Bauholz fällen, um eine Schiffsladung zu bereiten. Als der Winter einbrach, stellten die Brüder Spiele an, um den Leuten ein Vergnügen zu bereiten. So ging es eine Zeit lang gut, bis missbellige Gerüchte Zwiespalt unter die Parteien brachten. Die Spiele wurden eingestellt und aller Verkehr zwischen den beiderseitigen Gebäuden abgebrochen. Dieses währte einen grossen Theil des Winters. Endlich brach der Sturm los. Durch die Intriguen Freydisia's geschah es, dass die beiden Brüder nebst ihrer Mannschaft ermordet wurden; ja Freydisia selbst ergriff ein Schwert und tödtete fünf Weiber aus dem Hause der Brüder. Nachdem diese Greuelthat vollbracht war, sprach Freydisia zu der Mannschaft: „Wenn uns das Glück beschieden wird, dass wir wieder nach Grönland zurückkommen, so werde ich jenen Mann tödten, der diese Ereignisse bekannt macht; wir aber wollen sagen, dass sie hier geblieben sind, nachdem wir von hier abgesegelt waren." Hierauf belud sie das Schiff, welches den Brüdern gehört hatte, mit aller Ladung, die es tragen konnte. Alsdann begaben sie sich zur See und langten nach einer günstigen Reise im Sommer 1013 zu Eirichsfjörd in Grönland an. Freydisia zog sich auf ihre Villa zurück, welche unterdessen unbeschädigt geblieben war; allen ihren Begleitern gab sie reichliche Geschenke, damit ihre Uebelthaten verborgen blieben und nicht in die Oeffentlichkeit gelangen möchten. Endlich kam aber die Sache doch ihrem Bruder Leif zu Ohren, dem es grosse Betrübniss verursachte. Leif liess drei Mann von den Gefährten der Freydisia ergreifen und zwang sie unter Anwendung der Tortur, Alles so einzugestehen, wie es sich zugetragen hatte; da ihr Bekenntniss übereinstimmte, sprach Leif: „Ich kann es doch nicht über mich bringen, gegen meine Schwester Freydisia zu verfahren, wie sie es verdient hat, aber das prophezeie ich ihr, dass ihre Nachkommenschaft wenig Glück haben werde." Und so geschah es auch, von der Zeit an nahmen sie eine unehrenvolle Stellung unter ihren Mitbürgern ein.

Hier ist noch zu berichten, dass Freydisia bei ihrer Ankunft in Grönland Karlsefne mit seinem Schiffe im Hafen traf, der bereits vollständig für eine Reise nach Norwegen ausgerüstet war und nur noch auf einen günstigen Wind zur Abfahrt wartete. Es war die allgemeine Meinung, dass noch niemals ein Schiff mit einer reicheren und werthvolleren Ladung die Küste von Grönland verlassen habe, als dieses. Er segelte nach Norwegen, wo er den folgenden Winter zubrachte und seine Ladung verkaufte. Als er im nächsten Frühjahre bereits zur Reise nach Island sich anschickte, kam ein Sachse aus Bremen und kaufte von ihm ein Stück Holz, für welches er ihm eine halbe Mark Gold bezahlte. Dieses Holz war Mosur oder Mazer aus Weinland.

Karlsefne fuhr nun nach dem nördlichen Theil von Island, welcher Skagafjörd genannt wird und kaufte sich im folgenden Jahre das Gut von Glombyland oder Glaumboe, wo er den Rest seines Lebens zubrachte, sowie auch sein Sohn Snorri, welcher in Weinland geboren war. Als Snorri nach dem Tode seines Vaters heirathete, unternahm seine Mutter Gudrida eine Pilgerreise nach Rom und kehrte hierauf wieder nach Glaumboe zurück; wo ihr Sohn unterdessen eine Kirche hatte bauen lassen, sie zog sich alsdann in ein Kloster zurück und starb endlich als Nonne. Zahlreich und berühmt waren die Nachkommen Karlsefne's, unter welchen hier vorzüglich folgende Erwähnung finden mögen. Der gelehrte Bischof Thorlak Runolfson, ein Sohn der Hafdrida, der Tochter Snorri's, im Jahre 1085 geboren; ihm verdanken wir hauptsächlich den ältesten kirchlichen Codex von Island, der im Jahre 1123 verfasst wurde, auch die Berichte der Entdeckungsreisen waren aller Wahrscheinlichkeit nach von ihm niedergeschrieben worden. Ferner stammte

Bischof Brandus von Snorri ab; des Bischofs Vater Ingevoldis war ein Sohn des Thorgeir, welcher selbst ein Sohn Snorri's war. Ein dritter Bischof, ebenfalls ein Enkel Karlsefne's, war Bischof Biorno, dessen Mutter Thoruna, eine Tochter des Biorno, eines Sohnes Karlsefne's war.

Dreizehntes Kapitel.

Untersuchungen über Lage und Namen der von Björn und Leif entdeckten Länder und Inseln.

Es ist ein glücklicher Umstand, dass in den alten isländischen Berichten nicht nur geographische, sondern auch schifffahrtskundige und astronomische Thatsachen verzeichnet und uns überliefert sind, wodurch wir in den Stand gesetzt werden, die Lage der Länder und Orte, deren darin Erwähnung geschieht, zu bestimmen. Die angegebenen Beobachtungen, welche die Schifffahrtskunde betreffen, sind von besonderer Wichtigkeit und verdienen mit aller Aufmerksamkeit untersucht zu werden; vorzüglich die Angaben der Richtung, in welcher sie steuerten und der Entfernung, welche sie an einem Tage segelten.

Aus den Angaben in der Landnama und verschiedenen andern alten geographischen Werken aus Island ein und dasselbe Land oder vielmehr Insel erkennen. Neufundland ist eine grosse Insel an der Mündung des Golfes von St. Lorenz und eintausendsechshundertundvierzig englische Meilen von der Westküste Irlands entfernt. Der nördliche Theil der Insel ist durch die Strasse von Belle-Isle = schönen Insel, von der Küste Labrador's getrennt, das südwestliche Ende scheidet der Haupteingang des Golfes von Cap Breton. Neufundland liegt zwischen 46° 37′ und 51° 39′ nördlicher Breite und zwischen 52° 40′ und 39° 30′ westlicher Länge von Greenwich. Das Innere der Insel erscheint felsig; ausgedehnte Dämme von Steingeröllen vermehren noch das Rauhe und Ungastliche des Eindrucks. Steile Hügel, mit verkrüppeltem Holze bewachsen, erheben sich auf felsigem, dürrem Boden. Weit sich hinziehende Haiden oder kahle, mehr oder minder ausgedehnte Felsenflächen, wo kein Baum, nicht einmal ein Gesträuch gedeiht, erblickt das Auge, so weit es reicht. Malte Brun bemühte sich augenscheinlich vergebens, Neufundland als das beschriebene Weinland zu erklären.

Somit stimmt die geographische Beschreibung von Neufundland mit der von Helluland überein; ferner die angegebene Entfernung von Grönland einerseits und von Neu-Schottland, wie wir nachher sehen werden, andererseits; endlich liefert auch die Richtung, in welcher die Entdecker segelten, uns einen weitern hinreichenden Beweis, dass unter Helluland Neufundland zu verstehen ist.

Markland.

Das Markland der Grönländer lag südwestlich von Helluland, ungefähr drei Tagreisen oder achtzig bis neunzig deutsche geographische oder dreihundertundzwanzig bis dreihundertundsechzig geographische englische Meilen. Es ist daher identisch mit Neu-Schottland, womit die oben gegebene Beschreibung übereinstimmt: „Das Land ist im Allgemeinen niedrig; die Küste ist gegen die See zu eben und tief und die Ufer sind mit weissem Sande bezeichnet, theilweise von der See aus sichtbar." Laurie und Whittle in ihrer Segelunterweisung für die Küsten und Häfen Nordamerika's, sowie der Columbische Schifffahrer sagen über Neu-Schottland: „Vom Hafen Haldimand bis Cap Sable erscheint das Land eben und niedrig; an der Küste sind einige Klippen mit ausserordentlich weissem Sande, vorzüglich am Eingange des Hafens Haldimand und am Cap Sable, wo er von weiter Ferne sichtbar ist." „Eben" entspricht hier vollständig dem isländischen „slitt", und „niedrig gegen die See zu" dem kurzen Ausdruck „osaebratt"; und „weisse sandige Klippen" dem „hreitir sandar" der Normänner. Neu-Schottland, sowie Neu-Braunschweig und Unter-Canada, welche wahrscheinlich alle insgesammt als zu dem Markland, d. i. Waldland der Normänner, gehörend betrachtet werden mögen, sind beinahe durchgehends mit grossen Wäldern bedeckt. Neu-Schottland liegt zwischen 43° 20' und 47° 05' nördlicher Breite und 59° 38' und 66° 20' westlicher Länge von Greenwich.

Zwei Drittheile der Oberfläche sind heute noch mit Wäldern bedeckt.

Vinland = Weinland.

Weinland war von Markland zwei Tagreisen in südwestlicher Richtung, also vierundfünfzig bis sechzig dänische geographische Meilen entfernt. Die Entfernung zwischen Cap Sable und Cap Cod ist in Werken über

Schifffahrt als „West bei Süd" auf ungefähr siebzig Leaguen angegeben, d. i. zweiundfünfzig dänische Meilen. Björn's Beschreibung von der Küste ist sehr genau; in der gegen Osten gelegenen Insel, zwischen welcher und der in nordöstlicher Richtung sich ausdehnenden Landzunge Leif segelte, erkennen wir Nantucket. Die alten Normänner fanden hier viele seichte Stellen (grunnsnefui mikit).

Leif stach von Markland aus oder von dessen Vorgebirg Sable (Bjarneya) in die See und fuhr mit einem Nord-Drittel-Ostwind (caecia flante) zwei ganze Tage auf hoher See, ehe er wieder Land sah. Bei diesem günstigen Winde segelte er ungefähr sechszig dänische Meilen und musste so bei Nantucket vorbei passirt sein, so dass er sagen konnte, als er diese Insel erblickte, sie liege gegen Norden, weshalb er seinen Curs jetzt nördlich nahm. Er segelte in die Bai, welche die genannte Insel vom Vorgebirge trennt und das sich vom Lande in nördlicher Richtung erstreckt, indem er westlich steuerte, und er fuhr zwischen der Insel Nantucket und Cap Cod oder Barnstable, wie das Land dieser Halbinsel genannt wird, bis in den Weinberg-Sund (Vineyard Sound). Alle obenerwähnten Codices sprechen hier von der Landzunge und den langen Sandstreifen am Ufer. Sie nannten es Kialarnes und die nächstgelegene Küste Furdustrandir.

Kialarnes und Furdustrandir.

Kialarnes von Kiölr, Schiffskielspitze, womit es in der Form Aehnlichkeit hat, benannt, kann demnach nur Cap Cod, das Nauset der Indianer sein, welches von neuern Geographen öfters mit einer Sichel, bisweilen mit

eine Horn verglichen wird. Die Benennung **Landnes,
d. i. Landzunge**, welche die Normänner dem Kialarnes zur näheren Bezeichnung gaben, passt ebenfalls
auf Cap Cod. Hier fanden sie spurlose Sandwüsten
und lange schmale Bänke von Sand und Sandhügeln
und Sand von eigenthümlichem Aussehen, weshalb sie
es **Furdustrandir, d. i. Wunderstrand** nannten. Die
Ursache dieser Benennung möchte Hitchcock getroffen
haben, wenn er darüber schreibt (S. 96): „Die Dunes oder
Sandhügeln, welche oft beinahe oder auch gänzlich unfruchtbar, also jeder Vegetation bar und weiss wie Schnee
sind, ziehen wegen ihrer Eigenthümlichkeit mächtig die
Aufmerksamkeit auf sich. So wie wir uns dem äussern
Ende des Cap nähern, vermehren sich Sand und Unfruchtbarkeit noch mehr und in nicht wenigen Stellen
fehlt nur noch ein Trupp arabischer Beduinen, die dem
Reisenden über den Weg kommen, und man könnte sich
in die Tiefen einer arabischen oder lybischen Wüste versetzt glauben." Ein merkwürdiges Phänomen der Natur,
welches hier beobachtet wird, gab wahrscheinlich auch
zu dem sonderbaren Namen Veranlassung und wird vom
nämlichen Autor in folgender Weise beschrieben (S. 98):
„Als wir über die Sandebenen des Cap gingen, bemerkten
wir eine eigenthümliche Täuschung. In Orleans zum
Beispiel, schien es uns, als ob wir in einem Winkel von
drei oder vier Graden bergan stiegen; und ich konnte
mich nicht überzeugen, dass dieses nicht der Fall war,
bis ich mich umwendete und bemerkte, dass der Weg,
auf dem ich gekommen, ebenfalls das Ansehen hatte, als
ob er aufwärts ginge. Diese optische Täuschung zu erklären will ich nicht versuchen, sondern bemerke hier
nur, dass sie wahrscheinlich von der nämlichen Art ist,
welche Humbold auf den Pampas von Venezuela beob-

achtete: „rings um uns", sagt er, „schien es, als ob die Ebenen sich bis zum Firmamente erhoben."

Furdustrandir, öfters in Verbindung mit Kialarnes erwähnt, ist demnach nichts Anderes als die Nauset-Beach, die sich vom 41° 51′ bis zum 41° 41′ nördlicher Breite erstreckt, ferner der Chatam-Strand und zugleich der Potanumaquet-Strand mit eingeschlossen.

Straumsfjördr.

Straumsfjördr und Straumsey von Straum = Strömung, und Fjördr-Bucht und ey = Insel zusammengesetzt. In der Geschichte des Thorfinn Karlsefne heisst es, dass die Matrosen, als sie an den Küsten von Furdustrandir vorübersegelten, zwei Schotten an das Land setzten, um dessen Beschaffenheit auszukundschaften, und dass diese gegen Süden durch dasselbe gingen. Nach drei Tagen kehrten diese wieder an das Ufer zurück und bestiegen das Schiff. Thorfinn fuhr weiter, bis er zu einer Bai kam, vor deren Eingang eine Insel lag, wo sich eine solche Menge von Vögeln befand, dass kaum so viel Raum von Eiern frei war, dass sie ihre Füsse hinsetzen konnten. Um diese Insel und in der Bai fühlt man eine starke Meeresströmung, nämlich den Golfstrom. Der Golfstrom, strömend aus dem Golf von Mexiko, geht zwischen Florida, Cuba und den Bahama-Inseln, dann nördlich in paralleler Richtung mit der östlichen Küste von Nordamerika, und verursacht grosse Strömungen, vorzüglich an diesem Platze, insofern als die Halbinsel Barnstable der Strömung, welche vom Süden kommt, Widerstand leistet. Man nimmt auch an, dass der Kanal oder das Bett des Golfstromes in früheren Zeiten noch näher bei der Küste war. (Man bedient sich des Thermometers, um zu entdecken, wann man in oder nahe dem Golfstrome sich befindet, da das Wasser in der Strömung wärmer ist als die Luft, und wenn man die Strömung verlässt und dem Lande sich nähert, so beträgt die Kälte des Wassers um sechs oder acht Grade mehr, welche noch steigt, sobald man auf Ankergrund oder seichtere Stellen gelangt.) Vielleicht kömmt es auch daher, dass Monamay Strand mit der Landzunge Sandy Point von Cap Malabar, welches jetzt eine Insel ist, einst mit dem festen Lande in Verbindung war. So konnten auch die alten Normannen diese Bucht, die einst diese Landzunge von der anderen Seite her schloss, Straumsfjörd nennen, und die Insel ausserhalb der Bucht: Straumseya, die jetzt die Eierinsel genannt wird, und zwar ohne Zweifel aus dem Grunde, weil daselbst so viele Eier gefunden wurden. Doch diese mag in jener Zeit mit der Insel Martha's Vineyard und auch diese vielleicht mit Nantucket in Verbindung gewesen sein. Die starke Strömung in Buzzartsbai ist bekannt. Vom Lande dieser Gegend sagen die alten Normänner, dass es lieblich und fruchtbar aussah.

Krossanes.

Krossanes musste etwas nördlich von dem Platze sein, wo Karlsefne landete, wenn er die Bergkette sah, von welcher er glaubte, dass die Anhöhen eine ununterbrochene Reihe bilden und sich bis zu der Gegend ausdehnen, die er Hop nannte. In diesen Bergen erkennen wir die blauen Berge = blue hills. Thorfinn Karlsefne und Thorhall, der Jäger, konnten sich nicht einigen, in welcher Gegend Weinland zu suchen sei; dieser wollte lieber nördlich fahren, während jener es vorzog, über **Furdastrand** und **Kialarnes** vorbei zu segeln. Thorhall trennte sich also von der übrigen Gesellschaft mit seinen acht Mann. Diese neun fuhren gegen Norden und hatten die Absicht, sobald sie **Kialarnes** passirt hätten, einen westlichen Kurs einzuschlagen, etwa nach der heutigen Bai von Boston oder Massachusettsbai; allein sie wurden plötzlich von einem westlichen Sturm überrascht und nach England getrieben. Jene Gegend aber, nach welcher Thorhall zu segeln beabsichtigte, wurde doch von anderen Normännern erreicht; denn die **Gronlandinga l'attr** (Thattr) berichtet, dass **Thorwald**, des Eirich Sohn, von **Kialarnes** aus von östlicher Richtung beim Lande vorbeifuhr und in die Mündung der Buchten eindrang und am bewaldeten Vorgebirge, das sich dort ausstreckt, landete. Dieses ist wahrscheinlich **Gurenet Point** oder **Allerton Point** = Cap Alderton. Das erstere entspricht ganz den Worten „par voru naestir"; denn es ist ein runder Hügel vom Norden des Einganges in den Hafen von Plymouth, bedeckt, wie der Name High Pines Ledge anzeigt, mit grossen Bäumen. Das Wort fjardarkjapta in der Mehrzahl scheint geeignet auf die Bai von Boston mit allen ihren kleineren Einschnitten zusammen zu treffen. Jenes Vorgebirg, von welchem **Thorwald**, als er auf der Spitze der Höhe stand und umherblickte, sagte: „Dieser Platz ist lieblich, hier wünschte ich meine Wohnung aufzuschlagen;" ist demnach: the bluff head of Cape Alderton. Ueber diese Gegend schreibt Hitchcock: „Nehmen wir an, der Reisende geht von Boston aus wie vorher, so muss er den langen und engen Nacken oder Strich Landes, der die Ansiedelung von Hull mit dem festen Lande verbindet, nicht unbesucht lassen. Ohne von den Felsen zu sprechen, welche am Anfange dieser Bucht beinahe die

ganze Oberfläche bedecken und in dieser Beziehung selbst
mit Cap Anna um den Vorrang ringen, und welche am
Ufer eine merkwürdige und elegante Abwechslung von
Farben darstellen, ist der Strand selbst auf eine Ausdehnung von nicht weniger als vier oder fünf Meilen
viel interessanter, als jener auf dem Wege nach Nahant.
Der Leuchtthurm, die Brewster- und andere Inseln im
Gesichtskreise sind, wenn man näher gegen Hull kommt,
ein malerischer Anblick; und dazu die angenehme und
sonnige Lage des kleinen Dorfes von Hull bietet einen
einladenden Ruheplatz für den Reisenden."

Der Name Krossanes wurde dem Platze von den
Normännern wegen den zwei Kreuzen gegeben, die
über dem Grabe Thorwald's errichtet wurden. Es ist
dieses ohne Zweifel jene Gegend, von welcher im Leben
Thorfinn Karlsefne's die Rede ist, wo die Ermord-
ung Thorwald's, des Sohnes Eirich's, berichtet wird.
Der Fluss, von welchem es heisst, dass er von Osten
nach Westen fliesst, oder mit andern Worten wie die
alten Normänner die Bedeutung dieser Wörter auch bisweilen gebrauchten, von Mittag gegen Norden, kann jener
kleine Fluss sein, der zwischen Point Alderton und
Nantesket in dieser Richtung fliesst. Die erwähnte „ge-
birgige" Gegend stimmt sicherlich mit den blauen Bergen
überein, die sich bis zum beschriebenen Platze erstrecken.

Hop.

Thorfinn Karlsefne fuhr von Straumsfjörd mit der
übrigen Mannschaft der Expedition, welche nach der
Trennung Thorhall's aus einhundertundeinunddreissig Mann
bestand, gegen Westen. Bei dieser Fahrt heisst es, „sie
segelten lange," womit zwar ausgedrückt sein könnte,

dass sie sehr weit reiseten; allein hier ist nicht von der weiten Entfernung, sondern von der langweiligen und langsamen Fahrt die Rede, indem sie die vielen Buchten und Einschnitte des Ufers von Straumsfjörd fleissig untersuchten. Diese Fahrt setzten sie fort, bis sie zu einem Flusse kamen, der vom Innern des Landes her sich erst in einen See und von da in das Meer ergoss. Sie fuhren in die Mündung dieses Flusses ein und nannten das Land oder den Platz Hop. Dieses Wort ist wahrscheinlich von hopa abgeleitet, welches „zurücktreten" bedeutet. Das Land tritt nämlich hier zurück und es bildet sich sowohl durch das Eindringen des Meeres, als auch durch den sich mündenden Fluss ein kleiner Meerbusen. Damit kann nichts Anderes verstanden sein, als die heutige Mont-Haupbai oder Mount-Hopebai, durch welche der Tounton-Fluss, einst Cohamet genannt, fliesst, und der dann unter dem Namen „Pocasset River" als ein kleiner aber schiffbarer Fluss in das Meer mündet oder vielmehr sich mit den übrigen Zuflüssen durch die Mündung bei Seaconnet vereiniget.

Hier ist noch ein merkwürdiges Zusammentreffen zu bemerken, nämlich die achthundertjährige Vererbung des Namens Hop für denselben Platz, den die Scandinaven damit bezeichnet haben, wie oben erwähnt wurde. Die ersten englischen Ansiedler fanden bei ihrer Ankunft die Wohnung des Häuptlings Metacom, welchen die Weissen auch König Philipp nannten, auf dem Orte, der von den Indianern Mont-Haup genannt wurde, welchen Namen die Engländer später in Mount Hop veränderten. (Metacom fand den Tod unter den Händen seiner Feinde am 12. Oktober 1676.)

Leifsbudir oder Leifshütten.

Thorfinn Karlsefne suchte Weinland, welches Leif zuerst erforscht hatte und fand es auch glücklich. Gemäss der Gronlandinga Thattr hatte Leif seine Gebäude in Weinland dem Thorfinn vermiethet, denn er wollte sie weder seinem eigenen Bruder noch seiner Schwester als Eigenthum überlassen, weil er wahrscheinlich selbst noch die Absicht hatte, einmal dahin zu ziehen, und in dem von ihm zuerst besetzten Lande seinen Wohnsitz aufzuschlagen. Allein Thorfinn machte von dieser Vermiethung keinen Gebrauch, sondern errichtete seine eigenen Häuser in Weinland. Freydisia hingegen, des Leif's Schwester, welche an dieser Expedition Theil nahm, bewohnte ohne Zweifel die Gebäude ihres Bruders.

Aus der Stelle, wo es heisst, „sie kamen nach Hop an den Fluss, der sich vom Lande aus durch einen See in das Meer ergiesst," kann man mit einiger Gewissheit schliessen, dass Leifsbudir bei Hop selbst gestanden habe. Vom Leif heisst es „nachdem er die Gebäude errichtet hatte, theilte er die Mannschaft in zwei Hälften;" vielleicht verlegte er sie auch in zwei verschiedene Plätze oder Stationen, so dass er auch seine Gebäude an zwei getrennten Stellen erbaut hatte; beide Parteien mussten wechselseitig die Lage und die Beschaffenheit des benachbarten Landes auskundschaften. Auf diesen kleineren Expeditionen, an denen Leif selbst jeden andern Tag Theil nahm, mussten sie bisweilen nach dem heutigen Kingston und weiter südlich zwischen Pettaquamscut und Point Judith gekommen sein.

Thorfinnsbudir.

Thorfinn Karlsefne errichtete seine Wohnhäuser nahe am See Hop in der Weise, dass einige Häuser näher am See standen und die übrigen weiter zurück, oder wie andere Berichte sagen, höher oben im Lande. Jene Gebäude, welche näher bei Hop standen, scheinen wegen der sehr lieblichen Lage (auf dem Platze Mount Hope) errichtet gewesen zu sein, wo später der Indianerhäuptling Metacomet seinen Wohnsitz aufschlug. Wenn die alten Berichte erzählen, dass eine ungeheure Menge von Skrällingen auf Canoen von Osten längs des Vorgebirges herzukam, so ist dieses vom Vorgebirg Bristolneck zu verstehen. Als die Skrällinge sich wieder zeigten, flohen die Leute des Thorfinn, wahrscheinlich an den Ufern des Flusses Taunton entlang, bis sie auf Felsen stiessen, wo sie den Skrällingen tapfern Widerstand leisteten. Am Ufer des Flusses scheinen die übrigen Gebäude gestanden zu sein, welche von den andern weiter entfernt und „höher im Lande" standen. Das Gebiet, welches Thorfinn besetzt hielt, wurde wahrscheinlich gegen Osten vom Tauntonflusse begrenzt, wie das Monument an der Landzunge von Assonet-Neck die östliche Grenze recht schön ausweiset, was weiter unten ausführlicher beschrieben werden soll. Die westlichen Grenzen dieses neuen Gebietes werden wahrscheinlich in den Flüssen Sneechttaconet oder Blackston River, Powtucket und Seekonk zu suchen sein; während es gegen Norden bis zu den blauen Bergen, blue hills, sich erstreckt zu haben scheint, indem der letzte Bericht über die Reise des Thorfinn darauf hinweiset.

Die Lage von Weinland.

In Betreff der Lage Weinlands bewahrte uns die Gronlandinga Thattr eine astronomische Beobachtung folgenden Inhaltes: „Daselbst waren die Tage mehr gleich lang als in Grönland oder in Island; am kürzesten Tage stand die Sonne von halb acht Uhr Morgens bis halb fünf Uhr Nachmittags über dem Horizont. Demnach treffen neun Stunden auf den kürzesten und fünfzehn Stunden auf den längsten Tag. Die hier beigegebene Tabelle, gemäss welcher aus der Dauer des längsten wie des kürzesten Tages auf den Breitegrad eines Ortes und umgekehrt geschlossen werden kann, wird jede weitere Erklärung überflüssig machen.

Vom Aequator bis zum 8 Grad 34 Minuten nördlich oder südlich ist der längste Tag 12 Stunden 30 Minuten. Vom 8° 34′ bis 16° 44′ ist der längste Tag 13 Stunden. Von da bis 24° 12′ ist der längste Tag 13 Std. 30 Min.

„	„	„	30° 48′	„	„	„	„	14	„	—	„
„	„	„	36° 31′	„	„	„	„	14	„	30	„
„	„	„	41° 24′	„	„	„	„	15	„	—	„
„	„	„	45° 32′	„	„	„	„	15	„	30	„
„	„	„	49° 2′	„	„	„	„	16	„	—	„
„	„	„	51° 59′	„	„	„	„	16	„	30	„
„	„	„	54° 30′	„	„	„	„	17	„	—	„
„	„	„	56° 30′	„	„	„	„	17	„	30	„
„	„	„	58° 27′	„	„	„	„	18	„	—	„
„	„	„	59° 59′	„	„	„	„	18	„	30	„
„	„	„	61° 18′	„	„	„	„	19	„	—	„
„	„	„	62° 26′	„	„	„	„	19	„	30	„
„	„	„	63° 22′	„	„	„	„	20	„	—	„
„	„	„	64° 10′	„	„	„	„	20	„	30	„

Von	da	bis	64° 50′	ist	der	längste	Tag	21	Std. —	Min.
„	„	„	65° 22′	„	„	„	„	21	„	30 „
„	„	„	65° 48′	„	„	„	„	22	„	— „
„	„	„	66° 5′	„	„	„	„	22	„	30 „
„	„	„	66° 21′	„	„	„	„	23	„	— „
„	„	„	66° 29′	„	„	„	„	23	„	30 „
„	„	„	67° 18′	„	„	„	„	30 Tg. od. 1 Mon.		
„	„	„	69° 33′	„	„	„	„	60 „	„	2 „
„	„	„	73° 5′	„	„	„	„	90 „	„	3 „
„	„	„	77° 40′	„	„	„	„	120 „	„	4 „
„	„	„	82° 59′	„	„	„	„	150 „	„	5 „
„	„	„	89° —′	„	„	„	„	180 „	„	6 „

Die Breite des Vorgebirges Seaconnet Point und des südlichen Vorgebirges der Insel Connecticut ist 41° 26′ und die des Vorgebirges Point Judith ist 41° 23′. Diese drei Landzungen beschliessen die verschiedenen Zugänge der genannten Bucht Mount Hop, welche nur vier Meilen weiter nördlich liegt. Dass die alten Normannen damals im Besitze genauer Instrumente zur Messung der Sonnenhöhe u. s. w. waren, dass sie bis auf zwei Minuten ihre Berechnung für die Dauer eines Tages treffen konnten, wollen wir nicht bezweifeln.

Immerhin aber mag man das Zusammentreffen der übrigen Umstände, welche auf die Lage des Platzes hinweisen, und die Genauigkeit der gegebenen Berechnung bewundern.

Thormodr Torfaeus wollte sich nicht dazu verstehen, dass Weinland so weit südlich zu suchen sei und bemühte sich deshalb, die Worte eyktarstad und dagmalastad so auszulegen, dass er nur acht Stunden für den kürzesten Tag zuliess, und somit die Gegend in den neunundvierzigsten Breitegrad verlegte. Torfaeus bekam die Heimskringla des Peringskiöld erst zu Gesichte, nach-

dem er seine Schrift über Weinland schon vollendet hatte.
Peringskiöld folgte der Auslegung des gelehrten Gudmund Olav; dieser fand die deutlichste Erklärung über den Ausdruck Eyk und Non in dem alten Isländischen Kirchenrecht unter dem Titel: Kristinrette, Kapitel IX. Dem Torfaeus hingegen folgten in diesem Irrthume Wormskjöld, Malte Brun und Andere, welche unter Weinland Neufundland oder das nächste Land an der Mündung des Lorenzostromes verstehen wollten. Diese übersahen dabei, dass sie ganz und gar keine Rücksicht nahmen auf die Beschaffenheit des Landes und auf die Produkte desselben, wie sie doch deutlich in den Dokumenten beschrieben sind; ferner vergassen sie die angegebenen Entfernungen, welche die Entdecker auf ihren Schifffahrten von einem Orte zum andern zurücklegten, zu berechnen, welche Umstände sicherlich das Ihrige beitragen müssen, um uns auf die richtige Spur zu lenken. Seither haben aber Paulus Vidalin und Finn Johannaeus die Irrthümer der genannten Schriftsteller gründlich widerlegt und durch genügende Zeugnisse bewiesen, dass die Niederlassung der alten Normannen im 41° 24′ 10″ zu suchen sei.

Vierzehntes Kapitel.

Ergebnisse aus der Angabe des Klimas, des Bodens und der Naturerzeugnisse.

Die angeführten Quellen der Isländer enthalten mehrere Mittheilungen über verschiedene Produkte des Landes und über das Klima, wodurch die oben angegebene Lage des gesuchten Landes bestätigt wird. So gross war die Güte dieses Landes, heisst es in den Berichten, dass kein Winterfutter für das Vieh zu besorgen war, indem kein Schnee fiel und das Gras nur wenig abwelkte. Das Vieh konnte den ganzen Winter über auf der Weide bleiben und sich selbst erhalten. Ist man hier versucht, einzuwenden, dass ein Winter, der einem Isländer oder Grönländer als sehr mild erscheint, nach unserm Urtheile noch nicht als solcher betrachtet werden darf, so lassen wir als einen unparteiischen

Autor darüber Ebeling sprechen, nämlich in seiner Erdbeschreibung und Geschichte von Amerika, Bd. 2; Hamburg 1794, S. 4—12: „An der See ist der Winter meistentheils mild und nur von kurzer Dauer, daher auch der Schnee nie lange liegen bleibt. Man hält das hiesige Klima für das gesündeste in ganz Nordamerika, weswegen viele kränkliche Personen aus den südlichen Staaten im Sommer nach den hiesigen Inseln kommen, um sich hier zu erholen. Das Land hat einen Ueberfluss von nahrhaften Grasarten und Futterkräutern, und besonders sind in dem ehemaligen Gebiete von Narragansett die vortrefflichsten Triften." — So fanden auch die Normannen die fettesten Weiden; „das Vieh weidete an den Anhöhen, aber bald ereignete es sich, dass die Stiere wilder wurden und weiter umherschweiften." Ebeling sagt ferner: „Am beträchtlichsten ist die Rindviehzucht, die sowohl zur Mastung als zur Milcherei mit grossem Fleisse betrieben wird. Das Rindvieh stammt wahrscheinlich von dänischer Zucht her und man findet hier das grösste in ganz Amerika. Mastochsen von eintausendsechshundert bis eintausendachthundert Pfund sind nicht ungewöhnlich." Der Boden der Gegend von Tiverton, welche die Bucht Mount Hope gegen Osten begrenzt, wird als sehr fruchtbar beschrieben. Ueber Rhode-Island berichtete Hitchcock in folgender Weise: „Ein Ausflug von Taunton nach Newport in Rhode-Island, den Tauntonfluss und die Mount Hope-Bai hinab, führt den Reisenden mitten in eine Scenerie von grosser Schönheit und Lieblichkeit; und wenn er zur herrlichen Ansicht der Gegend auch noch die interessantesten geschichtlichen Erinnerungen, welche mit dieser Gegend in Verbindung stehen, hinzufügt, so kann Nichts fehlen, die Aufmerksamkeit zu beleben und den Geschmack zufrieden zu stellen."

Wir aber wissen, dass diese Bemerkungen auf viel
frühere Zeiten Anwendung finden, als Hitchcock damals
dachte, als er diesen Gedanken mit obigen Worten niederschrieb. Colton, ein Schriftsteller unserer Zeit, sagt:
„Das Klima ist sehr angenehm und der Boden sehr
fruchtbar. Reisende nannten es das Eden von Amerika
und Newport war längst berühmt als Zufluchtsort von
Invaliden und von der nobeln Welt während der Sommer-
zeit." — Ein Land von solcher natürlichen Beschaffenheit
mochte wohl den Beinamen it goda, das gute, verdienen, mit welchem Epitheton es die Normänner be-
ehrten; dieses thaten sie vorzüglich in Rücksicht auf die
Produkte, die es hervorbrachte, und auf welche sie um
so grössern Werth legten, als ihr kaltes Heimathland
deren gänzlich entbehrte. Als die vorzüglichsten derselben werden angeführt:

Weinreben und Trauben.

Dass Weintrauben dort wild wuchsen, berichtet Adam
von Bremen und zwar nicht vom Hörensagen, sondern
nach den authentischen Berichten des Königs Svend
Estrithson von Dänemark, eines Neffen Canuts des
Grossen. „Ausserdem", schreibt Adam, „erwähnte er
(nämlich König Sven Estritius) noch eine Insel in jenem
Ocean, die von Vielen entdeckt wurde, und welche Weinland genannt wird, deshalb, weil daselbst Weinreben von
selbst wachsen, auch Getreide wächst dort ohne gesäet
zu sein. Dieses erfuhren wir nicht als Fabel, sondern
als den wahren Bericht der Dänen" (45). Adam von
Bremen, der dieses schrieb, lebte zur Zeit Harald's, Königs von Norwegen, der im fünfundvierzigsten oder sechs-
undvierzigsten Jahre nach der ersten Entdeckung von

Weinland zu regieren begann. Jedenfalls mag hier die
Bemerkung am Platze sein, dass zur Zeit Adam's das
Gerücht von der Entdeckung Weinlands nicht auf Island
beschränkt blieb, und dass man die Kunde, die bereits
durch mehrere angesehene Männer, wie Thorfinn Karlsefne, welche das Land selbst besucht und Erzeugnisse
desselben nach Norwegen gebracht hatten, hinlänglich erwiesen war, für keine Fabel halten konnte. Demungeachtet liess sich Olaus Rudbeck und Andere nach ihm
durch eine Stelle Adam's, in welcher er eben nicht am
glücklichsten die geographischen Begriffe seiner Zeit entwickelt, verleiten, dieses Weinland in das kalte Finnland
zu verlegen. (Ob wohl Herr Rudbeck das Weingewächs
Finnlands schon gekostet hat!)

Getreide, Weizen „Sjalfsanir Hveitiakrar", wuchs ohne
gesäet zu sein. Als die Spanier ihre Entdeckungen in
Mexico, Centralamerika u. s. w. machten, fanden sie
allenthalben Mais = Indisches Korn = türkischen Weizen,
= Welschkorn von den Eingebornen gepflegt, das eines
ihrer werthvollsten Nahrungsmittel ausmachte. Auch hievon brachten Thorfinn Karlsefne und andere Entdecker
Muster nach Norwegen.

Mösur (Mazer, Mausur), eine Holzart von besonderer
Schönheit, wurde von den alten Normännern sehr geschätzt. Karlsefne erhielt noch gerade vor seiner Abreise von Drontheim von einem Manne aus Bremen für
einige Stücke des genannten Holzes ein Anerbieten von
einer halben Mark Goldes. Dass dieses aus Weinland
importirte Holz auch sonst bekannt war, erhellt aus der
Geschichte Harald's des Strengen, welcher dem Thorer
von Steiga einen Becher oder Kelch aus Mösur = Mösurbolla schenkte. Dieser Becher war mit einem silbernen
Ringe umgeben und mit einem silbernen Griffe versehen

und beides war übergoldet. Dieses Mösur ist wahrscheinlich eine Spezies des Acer rubrum oder Acer saccharinum, welche auch Vogels Aug, birdseye, Maserholz, curled maple, gekräuselte Mäple genannt wird. Der Mäplebaum ist eine Art Ahorn und wird auch Mazalter und Massholder genannt. Aus dem Saft des Acer saccharinum, Zuckerahorn oder Steinahorn, rockmaple, wird im März oder April Molasses und Zucker bereitet, eine andere Art Ahorn heisst Acer dasycarpum, welche, wenn jung, eine wollige Frucht trägt. In Massachusetts finden sich alle diese Arten in Menge. Vorzüglich gab es dort auch Vidr, d. i. Bauholz, welches die Normänner später aus Markland zu holen pflegten. Sie fällten die Bäume und liessen sie auf den Felsen trocknen und dann beluden sie ihre Schiffe damit.

„Saet Dögg a grasinu". Auf dem Grase war Honigthau. Dieses kommt auch heute noch auf der Insel Nantucket und in der Umgegend vor.

„Mykill fjöldi dyra" u. s. w. Im Walde fand sich eine grosse Zahl von Wild aller Art. Auch die Indianer gaben dieser Gegend den Vorzug vor vielen andern, hauptsächlich wegen der einträglichen Jagd. In unserer Zeit jedoch sind jene Wälder grösstentheils gelichtet und das Wild ist folglich verschwunden. „Marderfelle und alle Arten von Pelzen brachten die Eingebornen zum Tauschhandel." „Aedr" Enten und andere Seevögel waren auf den Inseln. So schreibt auch Ebeling: Eine ausserordentliche Menge von wilden Gänsen und Enten, unter welchen auch der Eidervogel, befindet sich auf den unbewohnten Inseln.

„Hvalir" Wallfisch „Reidr" ist eine Art, ähnlich dem balaena physalus. Die Normänner fingen hier einen Wallfisch, dessen Fleisch nicht essbar war. Diese Gatt-

ung kam im Meere von Grönland und Island niemals
vor, Thorfinn Karlsefne war hierin sehr erfahren. In
früheren Zeiten war an den Küsten von Rhode-Island
und Massachusetts eine gewisse Art von Wallfischen,
balaena mysticetus genannt, keine seltene Erscheinung.
Diese Wallfische pflegten im Winter gegen Süden zu
ziehen und kehrten im Frühjahre in die nördlichen
Gegenden zurück, wobei sie häufig die Bucht von Cap
Cod und die Umgegend von Nantucket besuchten; man
machte sowohl mit Fischerbooten als auch mit grösseren
Schiffen, von etwa vierzig Tonnen Gehalt, Jagd auf sie.
Im Jahre 1731 betrugen die Schiffe dieser Wallfisch-
fänger zusammen dreihundert Tonnen Gehalt. In späterer
Zeit zeigten sich jedoch diese Wallfische nicht mehr
häufig an diesen Küsten, sondern suchten die tiefere
See. Am Eingange der Narragansett-Bai, nicht weit
von der Mündung des Pettaquamscut-Flusses, liegt ein
Fels, welcher der Wallfischfels genannt wird, und der
diesen Namen ohne Zweifel von dem Umstande erhielt,
weil da einst Wallfische sich aufhielten und Jagd auf sie
gemacht wurde. Ebeling sagt, dass es zu seiner Zeit
in dieser Gegend noch Finback gab.

Hverr lankr var u. s. w. Jeder Fluss wimmelte von
Fischen, unter welchen besonders eine solche Menge von
Lachsen oder Salmen sowohl im Flusse, wie auch im
See war, dass die Normannen gestanden, sie hätten in
ihrem Leben nie so viele und nie von dieser Grösse gesehen. Zum Laichen schwimmt der Lachs aus der See
alle Flüsse und Buchten hinauf und ist kräftig genug,
um über kleine Wasserfälle, die ihm in den Weg kommen, zu springen. Man hat Lachse oder Salmen gefangen, die fünfundsiebzig Pfund wogen, doch ist ihr
gewöhnliches Gewicht von fünfzehn oder fünfundzwanzig

Pfund. Seines schmackhaften Fleisches wegen bildet dieser Fisch einen guten Handelsartikel. Helgir fiskar = Heibuten, Helbut, holibuts, halibut = hippoglossus vulgaris gab es hier an der Küste; unsere Scandinaven gruben zur Ebbezeit mehrere Gräben längs des Strandes innerhalb der Fluthlinie, in diese Gräben brachte ihnen die Fluth hie und da einen Heilbuten. Der Heilbut ist ein grosser Seefisch, von der Art der Flachfische, er hat einen schwarzen Rücken und weissen Bauch. Dieser Fisch erlangt oft eine beträchtliche Grösse, so dass sein Gewicht nicht selten auf vierhundert Pfund steigt. Sein Fleisch wird zur Speise gebraucht.

Entdeckung südlicher Länder.

Nachdem Thorwald, des Eirich Sohn, einen Winter in Weinland zugebracht hatte, rüstete er ein Schiff mit dem dazu gehörigen Boote aus, und schickte damit im Frühlinge des Jahres 1003 eine Abtheilung seiner Mannschaft mit dem Auftrage aus, der Küste entlang gegen Westen und Süden zu fahren, um das Land auszukundschaften. Wie weit sie auf dieser Reise gelangten, ist uns unbekannt, doch daraus, dass sie im Frühjahre von Leifsbudir abfuhren, und erst im folgenden Herbste wieder zurückkehrten, und folglich ihre Reise wenigstens vier bis fünf Monate gewährt hatte, geht zur Genüge hervor, dass diese Entdecker einen langen Weg gegen Süden zurück gelegt haben, und dass sie folglich nicht blos die Küste von Connecticut und New-York, sondern auch von New-Jersey, Delaware, und Maryland und wahrscheinlich auch noch südlichere untersuchten.

Ueber diese Küstenstrecken berichten unsere isländischen Autoren, „das Land war schön und waldig, und zwischen dem Walde und dem Meere war ein Strand von weissem Sande; im Meere waren sehr viele Inseln, sehr nahe beisammen." Diese Beschreibung stimmt mit der Beschaffenheit jener Küsten sehr wohl überein. Sie fanden keine Spur von Menschen auf ihrer Reise, mit Ausnahme auf einer gegen Westen gelegenen Insel, wo ein hölzernes Getreidchaus stand. Es ist zu bedauern, dass die Isländer so kurze und unvollständige Berichte über diese Reise hinterlassen haben. Die Ursache hievon mag wohl darin liegen, dass der Anführer der Expedition dieselbe nicht lange überlebte, oder dass der schriftliche Bericht davon selbst verloren ging, noch ehe er einen Abschreiber gefunden hatte.

Fünfzehntes Kapitel.

Die historische Gesellschaft von Providence in Rhode-Island berichtet an die königliche Antiquitäten-Gesellschaft in Kopenhagen über Steine mit Inschriften, welche von der Anwesenheit der alten Normannen in Amerika Zeugniss geben.

Nachdem die königliche Antiquitäten-Gesellschaft in Kopenhagen mehrere Jahre hindurch die Codices und Handschriften von Island und Norwegen untersucht hatte, wandte sie sich an einige gelehrte und historische Gesellschaften der Vereinigten Staaten um nähere Auskunft über gewisse Punkte in Betreff der Geschichte der Entdeckungsreisen, welche einst die Isländer nach den Küsten Amerika's schon im zehnten und den folgenden Jahrhunderten unternommen hatten. Die besten Auf-

schlüsse unter Allen in Folge dieses Gesuches gab die
historische Gesellschaft von Providence in Rhode-Island,
welche sowohl im Jahre 1830, wie auch im Jahre 1834
genaue Beschreibungen der Gegend, der Produkte, des
Klima's u. s. w., sowie der vorhandenen Steine mit
Inschriften nebst Zeichnungen derselben nach Kopenhagen übersandte. Wir lassen hier Auszüge aus zwei
Schreiben des Dr. Thomas H. Webb, Sekretärs der
R. I. historischen Gesellschaft, folgen.

Dass das Bestehen des amerikanischen Continentes
schon zu einer Zeit vor den Reisen des Columbus den
europäischen Völkern bekannt war, ist schon längst die
Meinung unserer gelehrten Alterthumsforscher. In den
westlichen Gegenden Amerika's findet man noch zahlreiche und ausgedehnte künstliche Hügel, ähnlich den
Grabhügeln, welchen wir in Scandinavien, in der Tartarei und in Russland begegnen; ebenso Ueberreste von
Befestigungen, deren Errichtung sowohl eine höhere
Stufe von Geschicklichkeit, Betriebsamkeit und Fleiss,
sowie auch einen weiteren Fortschritt in den Handwerken
erforderte, als irgend ein Indianerstamm je zu erkennen
gegeben hatte; verschiedene Gegenstände von Töpferarbeit wurden auch in denselben gefunden, mit deren
Verfertigung die Indianer gänzlich unbekannt waren.
Vor Allem aber wurden in verschiedenen Gegenden des
Landes Steine mit Inschriften von unbekannten Buchstaben entdeckt, allem Anscheine nach von hohem Alter.
Diese Steine sind von derartiger natürlicher Beschaffenheit, dass ihre Härte es beinahe unmöglich macht, ohne
Hilfe eines eisernen Werkzeuges oder eines andern
metallenen Instrumentes eine Schrift einzugraben. Die
Indianer wussten nichts von dem Vorhandensein dieser

Steine, und mit Eisen zu arbeiten lernten sie erst von den Europäern nach der Ansiedelung der Engländer in dieser Gegend. Grosse Bruchstücke, sagt Dr. Barton in seiner asiatischen Mythologie, sind in den entlegensten Theilen Amerika's an den Gestaden des Superior-See's und des Ontario, sowie in den Gebieten von la Plata und Maragnon ziemlich unversehrt erhalten. Ein solcher Stein liegt auch in der Nähe von Providence, noch sechs und eine halbe Meile südlich von Taunton, an der Ostseite des Taunton-Rivers, einige Fuss vom Gestade und an der Westseite von Assonet-Neck, in der Stadt Berkley, in Bristol County, im Staate Massachusetts. Durch den Umstand jedoch, dass die Leute, welche den Stein sehen wollten, gewöhnlich von der entgegengesetzten Seite des Flusses, d. i. über Dighton her kamen, erhielt auch der Stein den Namen **Dighton-Inschriftstein.** Die Fläche der Schriftseite des Steines sieht gegen Nordwest nach dem Bette des Flusses zu und wird zur Zeit der höchsten Fluth zwei bis drei Fuss vom Wasser bedeckt; hingegen tritt das Wasser zur Zeit der niedrigsten Ebbe zehn bis zwölf Fuss vom Steine entfernt zurück, so dass der Stein in Zeit von vierundzwanzig Stunden zweimal vollständig unter Wasser zu liegen kommt. Wie ein frisch davon abgeschlagenes Bruchstück zeigt, ist die wahre Farbe des Steines bläulich grau und ist in der unmittelbaren Umgebung kein Stein von solcher Beschaffenheit zu finden, dass er dem für die Inschrift gewählten ähnlich genannt werden könnte, oder der zum nämlichen Zwecke hätte dienen können. Die Fläche des Steines misst am Boden eilf und einen halben Fuss, die Höhe etwas über fünf Fuss. Die Oberfläche bildet mit dem Horizont eine neigende Ebene von ungefähr sechzig Graden. Mit Ausnahme weniger

Zolle von der Erde ist die ganze Fläche mit unbekannten Hieroglyphen bedeckt. Es scheint wenig oder keine Methode in deren Stellung zu sein. Die Linien sind von einem halben bis einem Zoll weit und bisweilen ein drittel Zoll tief, gewöhnlich aber mehr flach; sie sind nicht mit einem Meissel und Hammer ausgearbeitet, sondern allem Anscheine nach mit einer spitzen Hacke herausgehauen. Die Merkmale menschlicher Kraft und Händearbeit sind unvertilgbar darauf ausgedrückt. Wer immer die Arbeit mit Aufmerksamkeit betrachtet, wird nicht glauben, dass es die Indianer gethan haben. Ueberdies ist es auch wohl bekannt, dass die Indianer im ganzen Lande nirgends weder ein wichtiges Ereigniss aus ihrer Geschichte, noch etwas Anderes in Stein gegraben haben.

Von den verschiedenen Zeichnungen, welche von dieser Inschrift genommen wurden, verdienen folgende besondere Erwähnung:

a) Die von D. Danforth, im Jahre 1680 angefertigt, welche jedoch nur den oberen Theil der ganzen Zeichnung enthält.

b) Die von Coton Mather, im Jahre 1712 entworfen; sie ist zu finden im 28. Bande der Philosophical Transactions, Nr. 338, pp. 70 und 71, ebenfalls in Jones Auszug, im 5. Bande unter dem vierten Artikel. Doch diese beiden Zeichnungen sind nicht getreu nach dem Originale getroffen.

c) Die von D. Greenwood vom Jahre 1730; diese ist besser ausgeführt, als die obigen, obgleich sie mit zitternder oder schwankender Hand entworfen zu sein scheint; augenscheinlich war der Entwerfer weder ein Maler noch ein geübter Zeichner.

d) Die von Stefan Sewelli vom Jahre 1768; diese ist mit grossem Fleisse ausgeführt.

e) Die von James Winthrop vom Jahre 1788, wovon die Copie im 2. Bd. 2. Th., Seite 126 der Memoirs of the American Academy zu finden ist.

f) Die von Dr. Baylies und Mr. Goodwin vom Jahre 1790, zu finden im Anhange der Antiquitates Americanae von Professor Rafn.

g) Die von E. A. Kendall vom Jahre 1807 im 3. Bd. 1. Th., Seite 165 der Memoirs of the American. Acad.

h) Die von dem Lithographen Jakob Gardner vom Jahre 1820.

i) Die von Dr. Thomas H. Webb vom Jahre 1830.

Obwohl jede dieser Originalzeichnungen mit grösstem Fleisse aufgenommen wurde, so enthält doch jede derselben wieder eine Charakteristik, die sie von den anderen unterscheidet.

Ein Stein mit Inschrift in Connecticut.

Das Comité der erwähnten historischen Gesellschaft hatte auch eine Handschrift, die sich jetzt im Kabinet der amerikanischen Akademie befindet, von Dr. Ezra Stiles, dem ehemaligen Präsidenten des Yale-Collegiums in New-Haven Connecticut, über Inschriftsteine in Amerika untersucht. Der Doktor besuchte im Jahre 1789 einen Stein, welcher sich in Kent Township, im Staate Connecticut, auf einem Platze befindet, den die Indianer Scaticook nennen. Er beschreibt den Stein in folgender Weise: Gegen Scaticook, ungefähr einhundert Ruthen östlich vom Hausatonik River, befindet sich eine Anhöhe, welche Cobble-Hügel genannt wird. Auf der Spitze dieses Hügels steht ein mit antiken, unbe-

kannten Buchstaben bezeichneter Stein. Dieser
Stein steht hier einzig und ist nicht ein Theil des
Hügels; es ist weisser Kieselstein, seine Lage ist in
der Richtung von Norden nach Süden; seine Länge beträgt von zwölf bis vierzehn Fuss und die Breite von
acht bis zehn Fuss, sowohl an der Erde als am oberen
Theile; seine Oberfläche ist uneben. Die Seiten des
Steines sind ringsum mit unbekannten Buchstaben unregelmässig bezeichnet, zwar nicht mit Meissel und
Hammer, aber doch sicherlich mit einem eisernen Werkzeuge eingehauen, ähnlich wie im Dightonsteine. Die
Vertiefungen sind von $1/4$ bis 1 Zoll weit und von
$1/10$ bis $9/10$ eines Zolles tief. Die Eingrabung erscheint
nicht neu, sondern sehr alt. Da der krystallenartige
Stein nur geringe Porosität besitzt, so kann sich auch
nichts als ein wenig kleines Moos in den eingegrabenen
Vertiefungen ansetzen. Das ganze äussere Ansehen
dieses Steines trägt den Charakter eines Alters von
Jahrhunderten an sich. Dr. Stiles nahm Zeichnungen
einiger Theile dieser Inschrift in natürlicher Grösse ab,
versuchte jedoch nicht, vom Ganzen eine Copie zu verfertigen. Siehe Beilagen 3, 4, 5 in Rafn's Antiq. Am.
Grosse Aehnlichkeit scheint zwischen diesen Inschriften
und jener zu bestehen, welche Strahlenberg auf einem
Grabsteine nahe der Stadt Abakan am Jeniissei-Flusse
in Sibirien gefunden hat.

Dr. Stiles spricht auch von einem Steine in der
südlichen Nachbarschaft von Eriesee, welcher wirklich
eingegrabene Buchstaben, deutlich unterschieden von
thierischen oder vegetabilischen Eindrücken, Erhöhungen
oder andern Zeichen ähnlicher Ursachen, enthält. Gemäss dem Berichte, welchen er von Mr. Kirtland erhalten
hatte, ist es eine Art von viereckiger Schrift,

nicht unähnlich einigen paläographischen Buchstaben von C. Agrippa.

Mr. Frotingham untersuchte im Jahre 1789 einen Stein am östlichen Ufer des Allegheny-Flusses, fünfzehn Meilen unterhalb Jenango, ungefähr einhundertundzehn Meilen vom Fort Pitt (jetzt Pittsburg) und siebzig Meilen südlich vom Erie-See. Dieser Stein hat eine Fläche von fünfzehn bis zwanzig Fuss, liegt am Ufer und sieht nach dem Flusse; die eingegrabenen Zeichen sind Bilder von Thieren, zwischen welchen sich gerade und krumme Linien von verschiedener Gestalt befinden. Die eingegrabenen Vertiefungen sind ungefähr $1/10$ Zoll tief und $1/4$ Zoll breit; der Stein ist sehr hart. Dieses möchte der nämliche Stein sein, dessen Kirtland erwähnt.

Dr. Stiles spricht noch von einem andern Steine am Connecticut-Fluss in Brattleboro, im Staate Vermont, und von einem andern am Altamaha in Georgia. Kentucky-Jäger berichteten, dass am Cumberland-Fluss bei Rock Castle Creek Steine mit Inschriften von unbekannten Buchstaben gefunden wurden.

Ein anderer Stein mit unbekannter Schrift wurde in Rutland, Worchester County, in Massachusetts gefunden. Die Buchstaben sind hier regelmässig gesetzt und die eingegrabenen Vertiefungen sind mit einer schwarzen Masse, beinahe so hart, wie der Stein selbst, gefüllt. Ein ähnlicher Stein liegt in Swanzy, Bristol County, Staat Massachusetts, etwa zehn Meilen von dem Dightonsteine.

Im Jahre 1787 wurden gemäss dem Berichte des Rev. I. M. Harris, s. 3. Bd. 1. Th., Seite 195 der Memoirs of the American Academy, in Medford, Massachusetts, einige Kupfermünzen unter einem flachen

Steine gefunden. Die Münzen füllten zwei Quartmass. In keinem Werke über Numismatik lässt sich etwas finden, das diesen Münzen ähnlich sieht; nur allein in den historisch-geographischen Beschreibungen von Strahlenberg über die nördlichen und östlichen Gegenden von Europa und Asien befindet sich eine Zeichnung, welche obigen am nächsten kommt.

Sechszehntes Kapitel.

Entzifferung eines wichtigen Theiles der Runenschrift des Dightonsteines.

———

Die Professoren Jelling, Runamoen und Ruthwell hatten neun verschiedene Zeichnungen des Dightonsteines vor sich und gaben sich Mühe, dessen Inhalt zu lesen. Professor Finn Magnusen von Kopenhagen stand mit ihnen in Correspondenz und theilte seine Beobachtungen mit Professor Rafn. Der erste Punkt, worüber sie sich verständigten, war, dass die Schrift eine Isländische sei, und dass sie der Zeit des Thorfinn Karlsefne angehöre; dieses zeige schon der Buchstabe *P* (= Th), die Zeichnung des Vordertheiles eines Schiffes zur Linken des Beobachters angebracht, sowie die übrigen Hauptfiguren, welche in den Stein eingegraben sind. Nebstdem sind noch mehrere Anzeichen vorhanden, welche diese Behauptung bekräftigen. a) Die Buchstaben und Zahlenzeichen:

ᚠ XXXI

ᚺ ᚦ

liefern eine keineswegs zu verachtende Aufklärung; in erster Linie stehen Zahlen, welche in Bezug auf ihren Werth keinem Zweifel unterworfen sind; nur das ᚠ anstatt des gewöhnlichen *C* oder dem gothischen und angelsächsischen *L*, mag vielleicht Einigen verdächtig oder weniger deutlich erscheinen; allein es ist leicht zu beweisen, dass dieses sowohl durch die Auctorität des Alterthumes, als auch des Mittelalters bestätigt wird. Bekanntlich ist das *C* der alten Lateiner aus dem ᚠ (gamma) der Griechen entstanden; aus dieser Ursache pflegten sich einst auch die Lateiner bald der griechischen bald der eigenen Figur in ihrer Schrift zu bedienen. Auf ähnliche Weise finden wir auch in den ältesten Inschriften der Spanier = der Celtiberier und auf Münzen, sowie in der Schrift der Mösigothen die Figur ᚠ entweder anstatt des griechischen ᚠ oder auch anstatt des lateinischen *C* ohne Unterschied gesetzt. Die vorzüglichsten Runologen der neuern Zeit, Worm in Dänemark und Burau in Schweden, fanden das runische ᚠ für das lateinische *C* in alten Inschriften des Nordens im Gebrauch; auf ähnliche Weise der gelehrte Isländer Johann Olav von Grumavic, in seiner Runologie. In ihrer Zusammenstellung wird die Bedeutung dieser Zeichen von grösster Wichtigkeit für das Verständniss des Ganzen, denn die Zahl, welche dadurch ausgedrückt wird, stimmt genau mit der Zahl der Leute überein, welche die Reise mit Thorfinn

Karlsefne gerade bis zu dieser Gegend Nordamerika's,
oder eigentlich bis zu dieser ihrer Station oder Niederlassung gemacht haben.

In der Geschichte des Thorfinn Karlsefne, im
zwölften Kapitel, haben wir gesehen, dass die Zahl der
Männer, welche an der Expedition Theil nahmen, einhundertundvierzig war, und dass neun Mann aus
diesen bei jenem Meerbusen, den die Scandinaven
Straumfjörd nannten, sich trennten, um mit Thorhall,
dem Jäger, gegen Norden zu segeln und in jener Richtung Weinland und Leifshütten aufzusuchen. Thorfinn selbst aber fuhr mit allen Uebrigen seiner Reisegenossen in südlicher und westlicher Richtung und gelangte zum Platze Hop, wo seine Mannschaft, wie aus
dem Zusammenhange hervorgeht, aus einhundertundeinunddreissig Mann bestand, welche Zahl denn auch
mit der Inschrift des grossen Steines von Assonet genau
übereinstimmt.

Unter der Zahl CXXXI erblickt man zwei Buchstaben: ᚾ ist ein lateinisch-gothisches *N* ähnlich einem
deutschen 𝔑 wie es gewöhnlich in grossem Drucke
gebraucht wird; der zweite Buchstabe ist das runische
ᛦ und bedeutet das gewöhnliche *M*. Diese Gestalt
für M findet sich in vielen lateinischen Schriften
des Mittelalters, sowohl bei Scandinaven, wie auch bei
Angelsachsen. In dieser Anwendung bedeutet dieser
Buchstabe immer das Wort: madr d. i. Mann, oder
auch die Mehrzahl davon: medr = mem = Männer.

Der Buchstabe N vor Mann soll wohl die nähere
Eigenschaft, den Titel, die Herkunft, das Vaterland der
Männer bezeichnen. In jener Zeit, sowie noch Jahrhunderte darauf, wurden sowohl Norwegen und Schweden,
als auch Dänemark, und selbst auch Island und Grön-

land zusammen mit dem gemeinsamen Namen: Scandia oder Scandinavien, bezeichnet; die Bewohner aller dieser Länder waren allenthalben unter der Benennung Normannen bekannt. Da zwischen dem N und dem M die Figur eines Schiffes ist, so ist die Bedeutung dieser beiden Linien folgende:
Einhundertundeinunddreissig Normannische Schiffsleute. Da zwischen den zwei genannten Buchstaben die Figur eines Schiffes sich befindet, das seiner Masten, Segel und Taue beraubt ist, so zieht Finn Magnusen aus dieser Hieroglyphe den Schluss, dass dadurch ausgedrückt werden solle: Zu Schiffe seien sie nach diesem Lande gekommen, aber jetzt entledigen sie die Schiffe der Maste, Segel und Taue, denn sie wollen von diesem Lande Besitz nehmen und sich bleibende Wohnsitze aufschlagen.

Hierauf folgen Buchstaben, welche, obwohl sie nicht in gerader Linie mit den obigen stehen, nichtsdestoweniger zu denselben gehören; sie sind wenige an Zahl, aber wichtig an Bedeutung, ihre Gestalt ist lateinisch-gothisch, nämlich:

M
◊ R F I N Z

Das erste Zeichen scheint eine jener Abkürzungen zu sein, dergleichen in Runenschriften öfters vorkommen, indem nämlich zwei oder auch drei Buchstaben in einen einzigen vereiniget werden; diese Abkürzung ergibt bei genauerer Beobachtung die Bildung der Silbe oder vielmehr des Wortes NAM; Nam ist ein Wort, welches nicht nur in der alten scandinavischen Sprache im Gebrauche war, sondern welches noch in unsern Tagen, und zwar im nämlichen Sinne, Anwendung findet, vorzüglich in der Zusammensetzung mit Land: landnam, d. i. Besitznahme eines Grundstückes, Besetzung eines Landes, Besitzergreifung eines Landes. Dieses Wort Nam findet sich noch jetzt in der dänischen Sprache; Nam wird vom Zeitwort nema, d. i. nehmen, besetzen, Besitz ergreifen, abgeleitet; auch bei den Mösigothen finden wir in derselben Bedeutung neman und niman, wie das uralte griechische $\nu\epsilon\mu\epsilon\tilde{\iota}\nu$.

Das Zeichen ◊ bedeutet O und wird in dieser eckigen Gestalt im ältesten Alphabet der Gallier gefunden; und ausserdem wurde es von den Gothen in Spanien oder Westgothen im siebenten Jahrhundert häufig angewendet. Umgeändert in die Gestalt ⟨⟩ wird dieser Buchstabe gefunden auf den berühmten, jetzt aber verschwundenen goldenen Hornmünzen Dänemarks, sowie auf angelsächsischen und einigen runischen Inschriften des Nordens. Sehr alte Münzen der Angelsachsen und Franken aus dem Jahre 787 haben ANN◊ u. s. w., ferner N◊RMAN◊RVM.

Das noch fehlende Zeichen am Anfange des Wortes, das isländische Þ, welches für Th gebraucht wird und an andern Stellen dieses Steines sich findet, mögen wohl die achthundertundsechzig Jahre seither irgendwie verwischt haben. Somit also geben wir den kurzen, aber deutlichen Inhalt dieser beschriebenen Zeichen in folgender Weise:

ᛁ XXXI

⌐┐ hier ist die Figur eines Schiffes. ᚤ

M

◊ R F I N Z

Einhunderteinunddreissig normannische Schiffsleute nehmen Besitz von diesem Lande, unter Anführung des Thorfinn.

Hiemit ist also ein Dokument, welches, auf Stein mit Namen unterzeichnet, die Wahrheit der Geschichte des Thorfinn Karlsefne und seiner Expedition nach Amerika von 1007 bis 1011 bestätiget.

Indianer Traditionen.

Die Indianer Neu-Englands hatten Ueberlieferungen, welche an die Niederlassungen der alten Scandinaven erinnern. Im Jahre 1787 veröffentlichte Michael Lort, Vice-Präsident der Londoner Alterthums-Gesellschaft, ein Werk, in welchem er den folgenden Auszug aus einem Briefe von Neu-England anführt, der mehr als ein halbes Jahrhundert vorher geschrieben war: „Unter den ältesten Indianern war eine Tradition im Umlaufe, dass einst in diese Gegend ein hölzernes Haus und Männer eines anderen Landes in demselben schwimmend den Assonet-Fluss heraufkamen, wie dieser (Taunton) Fluss damals genannt wurde, welche gegen die Indianer mit mächtigem Erfolge kämpften."

Siebzehntes Kapitel.

Are, Sohn des Mar, in Huitra manna land. — Ein heidnischer Isländer wird Christ in Amerika vor dem Jahre 1000.

Hier haben wir eine durch viele Zeugnisse bestätigte Geschichte eines Isländers aus einer reichen und mächtigen Familie, in deren Besitz das prächtige Landgut Reykhol auf der Landzunge Reykjanes an der Bucht von Breidafjörd im westlichen Island war.

Are, dessen Abstammung weiter unten genauer beschrieben werden wird, wurde schon, ehe Leif und Karlsefne ihre Reisen nach Weinland unternahmen, also vor dem Jahre 1000, allem Anscheine nach im Jahre 982 oder 983, an andere Küsten Amerika's verschlagen, wo er von den dortigen Einwohnern in der christlichen Religion unterrichtet und getauft, aber auch im

Lande zurückgehalten wurde. Den Bericht dieses Ereignisses hinterliess Thorfinn, Fürst der Orkney-Inseln, der im Jahre 1064 gestorben ist. Dieser Fürst, ein Sohn Thorfinn Sigurd's, geboren 1008, war selbst von letzter Linie mit Are, dem Sohne des Mar, verwandt, was aus der Genealogie, die der Orkneyinga Saga entnommen ist, hervorgeht.

Zeugnisse aus der Landnama über die Geschichte des Are Marson.

Ulvus Strabo, der Sohn des Hügrius des Weissen, besass das ganze Reykjanes zwischen Thorskafjörd und Hafrnfell; er hatte zur Gattin Bjarga, eine Tochter des Eyvind Oestmann und Schwester des Helgius Maer. Ihr Sohn war Atlius der Rothe, welcher Thorbjarga, die Schwester des Steinolv des Demüthigen, zur Gattin hatte; ihr Sohn war Mar von Reykhol, dieser heirathete Thorkatla, die Tochter des Hergils Hnapprass. Ihr Sohn war **Are,** der durch einen Sturm nach Huitramannaland, dem Lande der weissen Menschen, verschlagen worden ist, welches einige das **grosse Irland** nennen, das im westlichen Ocean liegt, nahe bei Weinland dem guten, VI Tagereisen von Irland gegen Westen. Von dort wegzugehen war dem Arius nicht erlaubt, auch wurde er daselbst getauft.

Dieses erzählte zuerst Rafn Illimrekipeta, welcher lange zu Illimrek in Irland verweilt hatte. So sagt Thorkel, der Sohn des Geller: Männer aus Island hatten den Thorfinn, den Beherrscher der Orkney-Inseln, selbst erzählen gehört, dass Arius im Huitramannaland erkannt worden sei, dass es ihm nicht erlaubt sei, von dort wegzugehen, und dass er daselbst in grossen Ehren gehalten werde.

Arius oder Are hatte die Thorgerda, eine Tochter des Alvus Dalens zur Gemahlin; ihre Söhne waren Thorgil, Gudleiv und Illugius; dieses ist das Geschlecht der Reyknesenser. Jörund war der Sohn des Ulvus Strabo, er hatte die Thorbjarga Knararbringa zur Gattin; diese hatten zur Tochter Thjodhilda oder Thorhild, welche Eirich der Rothe zur Ehe nahm; ihr Sohn war Leif der Glückliche, der Grönländer u. s. w. Are Marson oder der Sohn des Mar, hatte drei Söhne, wie bereits gemeldet, nämlich: Thorgil, Gudleiv und Illugius.

Thorgil errichtete nach der Abreise seines Vaters seinen Wohnsitz zu Reykhol. Die norwegische Geschichte erwähnt von diesem Manne, dass er Rorek, dem König von Hedemark, der in Gefangenschaft gerathen und vom König Olaf in die Verbannung geschickt wurde, gastliche Aufnahme gewährte. Rorck hatte nämlich versucht, den König Olaf durch List zu tödten, darum schickte ihn dieser durch Thorarin, einem Sohne des Nefjulv, zu Leif, dem Sohne Eirich's, dem Magnaten von Grönland, nach Brattalid; allein durch einen Sturm wurden sie an die Küste Irlands getrieben.

Gudleiv, der zweite Sohn des Are, ist bekannt wegen der Hilfe, die er dem Priester Thangebrand in der Verbreitung der christlichen Religion in Island geleistet hatte. Er selbst hatte schon in Norwegen den christlichen Glauben angenommen und im Jahre 998 kam in seiner Begleitung der Priester Thangebrand, ein Sachse, nach Island.

Nach Torfaeus wurde Are Marson in Huitramannaland durch Bischof Johann, einen Irländer, getauft, der im Jahre 1055 durch Erzbischof Adalbert in Bremen zum Bischofe für Island geweiht wurde. Nachdem Bischof Johann vier Jahre in Island gewirkt hatte, begab er sich nach Weinland, d. i. einer gewissen Gegend Amerika's, in welcher allem Anscheine nach Irländer wohnten. Die Tradition meldet, dass er später den Martertod von den Eingebornen erlitten. Torfaei Vinlandia Cap. XVI, p. 71. Mallet, 168—174.

Rafn Illimrekipeta, d. i. Limerikfahrer oder Limerikhändler, wurde so genannt, weil er zwischen Island und Limerik in Irland einen Handelsverkehr unterhielt. Auch er wird unter den Verwandten Are's, des Mar Sohn, aufgezählt. Sein Geschlechtsregister ist in der Landnama II. 21, p. 98 angeführt. Rafn begleitete im Jahre 1014 den Sigurd, den Fürsten der Orkney-Inseln, auf einem Zuge nach Irland und wohnte der grossen Schlacht bei Clontorf gegen den König Brian nicht ohne Lebensgefahr bei; hier machte er das Gelübde, dass er zum dritten Male das Grab des heiligen Petrus in Rom besuchen wolle. Njala c. 158.

Zeugniss aus dem Pergament-Codex Nro. 770 c.

Beschreibung der Länder. Von dem östlichen Theile Grönlands, welcher bewohnt ist, wie gesagt wurde, kommt man auf unbewohnte und unbebaute Plätze und Eisfelder; nach diesem kommen die Skrällinger, dann kommt man nach Markland, auf dieses folgt Weinland das gute; diesem zunächst und etwas weiter oben liegt Albanien, d. i. Hvitra manna land, das Land der weissen Menschen, wohin einst von Irland aus gesegelt worden ist; daselbst erkannten Menschen aus Irland und Island den Arius, den Sohn des Mar und der Katla von Reykjanes, von welchem man lange Zeit keine Nachricht erhalten hatte

und der von den Einwohnern des Landes Hvitramannaland damals als Präfekt aufgestellt war.

Nach diesem Dokumente hatten nebst Irländern
auch Isländer mit Huitramannaland Verkehr, dasselbe
wird an einer andern Stelle auch von den Orkney-
Inseln gesagt. Noch nähere Auskunft über Arius, des
Mar Sohn, findet man im zweiten Theile, im zweiund-
zwanzigsten Kapitel der Islandinga Sögur Seite 100.
Ueberdies wird der Name dieses Are, sowie seiner Verwandten, in vielen Geschichtswerken Islands erwähnt,
z. B. in Grettis-Saga, Kap. 29; Festbraedra-Saga, Kap. 1,
S. 6; Sögnpaettir Islendinga, Holum 1756, Kap. 4, S. 105.
Ein uraltes Lied, das bis jetzt noch in der Volkstradition
der Isländer sich erhalten hat und Kötludraumr oder
Traum der Katla genannt wird, besingt Mar, den Vater
des Arius, und Katla, dessen Gemahlin. Dieses Ge-
dicht ist in die Magnaeana Nr. 154 aufgenommen.
Darin wird auch von einem Kare, einem zweiten Sohn
des Mar, gesprochen und bemerkt, dass er wissenschaft-
lich gebildet war und vorzüglich die Strömungen des
Meeres und den Lauf der Gestirne gekannt habe.*)
Das erwähnte Lied über Arius lautet übersetzt ungefähr:
Arius, des Mar Sohn, wurde gross und in Vielem dem

---

*) Are Frode, der Verfasser des Landnamabok am Ende
des eilften Jahrhunderts, erwähnt des wegweisenden Steines.
Mithin war die Polarität des Magneten in Island bekannt;
zwar mögen sie etwa nur den natürlichen Magnetstein an
einem Faden aufgehängt haben, bis sie selbst mit dem Kom-
dass oder Boussole bekannt wurden, den Flavius von Gioia
aus Amalfi im Jahre 1013 erfunden hat, wie Musantius in
seinen chronologischen Tafeln des zwölften Jahrhunderts berichtet.

Vater sehr ähnlich; er stammt ab von einer vorzüglichen, zahlreichen Familie. Dieses beweisen die alten Bücher der Geschichte.

Huitra manna land

oder Irland it mikla, d. i. Gross-Irland, Land der weissen Menschen, Albania.

Die Geschichte des Karlsefne erwähnt noch eines andern Landes, welches, wie sich erkennen lässt, weiter gegen Süden liegt, als das Terrain, wo die Grönländer ihre Gebäude errichtet hatten. Doch wie die Landnama berichtet, war es dem Lande der weissen Menschen im westlichen Ocean nahe gelegen, unfern von Weinland dem guten. Man findet dort noch die Bemerkung, dass dasselbe VI Tagereisen gegen Westen von Irland aus liege. Allein diese Bemerkung war im Original-Codex, der jetzt nicht mehr vorhanden ist, kaum lesbar (47). Man vermuthet, dass die Abschreiber die Buchstaben nicht richtig unterscheiden konnten und anstatt XX oder XI oder XV dafür VI machten. Eine Entfernung von sechs Tagereisen würde für die Azoren wohl passen, aber für eine Reise nach Gross-Irland würde ohne Zweifel mehr Zeit erfordert.

Man glaubt, dass das Land der weissen Menschen sich von der Chesapeak-Bai über Virginien und Nord- und Süd-Carolina, Georgia und Florida erstreckt habe. Nach den Berichten der Skrällinge war dieses Land von Menschen bewohnt, welche in weissen Kleidern einhergingen, Stangen, an welchen Tücher hingen, vor sich hertrugen und mit lauter Stimme riefen.

Sowohl die Geschichte des Karlsefne, wie die Landnama bezeugen, dass dieses Land das Grosse Irland genannt wurde, indem sie darauf hinwiesen, dass diese weissen Menschen Irländer gewesen seien, welche Christen waren und womit auch der Bericht über Arc Marson übereinstimmt. An einer von Irländern bewohnten Küste lebte auch Björn, der Athlet von Breidviken, wovon unten in der Geschichte des Gudleiv das Nähere beschrieben wird.

Johnston in seinem Werke über die Indianerstämme in Ohio, die Archaeologia Americana I, pp. 273—276, Rafn und Andere bringen folgendes Argument, um zu beweisen, dass Florida nicht von Weissen bewohnt war. Johnston schreibt (im Jahre 1819), nach der uralten Tradition der Shawanesen seien ihre Vorfahren, einst aus einem überseeischen Lande gekommen. Es wird berichtet, dass unter den Shawanesen, welche im Jahre 1754 vom westlichen Florida*) und den den Suwan-Fluss umliegenden Gegenden an den Ohio gekommen waren, das alte Gerücht sich festhalte, dass Florida einst von weissen Menschen bewohnt gewesen sei, die sich eiserner Werkzeuge bedienten. Black Hoof, ein Greis von beinahe neunzig Jahren, der in Florida geboren war, konnte sich erinnern, dass er als Knabe öfters seine Eltern erzählen hörte, sie hätten Holzstücke gesehen, die mit eisernen Werkzeugen bearbeitet waren.

Allein gegen dieses Argument lässt sich einwenden, dass die Spanier schon in der ersten Hälfte des sechszehnten Jahrhunderts nach Florida kamen. Im Jahre 1553 segelte ein grosses Schiff mit eintausend Personen an Bord aus dem Hafen von Vera Cruz, und nachdem

---

*) Florida, sagt Herrara, wurde von den Indianern Cautio genannt. Hist. Ind. dec. I. l. IX. c. 10.

es in Havana kurze Zeit verweilt hatte, wurde es gegen die Küste von Florida getrieben. Siebenhundert Menschen fanden ihren Tod, dreihundert erreichten die Küste, unter diesen waren fünf Dominikaner, die P. P. Diego de la Cruz, Ferdinand Mendez und John Ferrer mit zwei Laienbrüdern, Johann und Markus de Mena.

Achtzehntes Kapitel.

Björn Asbrandson wird von Gudleiv in Huitramannaland gefunden.

Björn Asbrandson, der Athlet von Breidviken in Island, ward seit dem Jahre 999 vermisst. Björn war einst ein Mitglied der Jomsburger, so genannt von dem berüchtigsten Wikingersitz des Nordens, der festen Jomsburg in der Nähe der wendischen Handelsstadt Jumme auf der Insel Usedom an der Swine, welche der dänische König Harald, Gorms Sohn, zwischen den Jahren 935 und 966 gegründet hatte, und die von dem berühmten Palmatoke, dem Wilhelm Tell des Nordens, eine Art Verfassung erhalten hatte. Björn hatte sich als solcher an der dreitägigen Schlacht auf Fyriswall im Jahre 983 betheiligt, welche Eirich II. Segerfäll, d. i. der Siegreiche, gegen Styrbjörn, den Sohn Olafs, gewann. Seine

unerlaubte Verbindung mit Thurida von Frodo in Island,
einer Schwester des mächtigen Snorri Gode, zog ihm
dessen Feindschaft und Verfolgung zu, in Folge dessen
er sich veranlasst sah, die Insel für immer zu verlassen.
Er schiffte sich demnach zu Hraunhöfn in Sniofelsnes
ein im Jahre 999 und segelte mit einem Nordost-Winde
ab. Seit dem Tage seiner Abreise war keine Kunde
über ihn nach Island gebracht.

Gudleiv, der Bruder des Thorfinn, von welchem der
berühmte Geschichtschreiber Snorri Sturleson abstammt,
wurde, während er von Irland nach Island segeln wollte,
durch einen Sturm an eine der Küsten Amerika's verschlagen, wo er im Augenblicke der Gefahr durch einen
hochbejahrten Mann den Händen der Einwohner entrissen
wurde. Dass dieser Mann Björn Asbrandson war, be-
zeugten die Geschenke, welche er dem Gudleiv übergab.
Dieses Ereigniss wird gegen das Ende der Regierung
Olafs, des Heiligen, berichtet, der in der Schlacht von
Stiklastad im Jahre 1030 fiel. Dieser sehr lesenswerthe
Bericht bildet den Inhalt des vierundsechzigsten Kapitels
der Geschichte der Eyraner.

Die Geschichte über die Reise des Gudleiv befindet
sich auf dem Pergamentstücke Nr. 445, b (c). Jede
Seite ist in zwei Spalten getheilt und der Bericht füllt
beinahe die ganze Seite aus, mit Ausnahme von vier
Linien der ersten Spalte, welche noch dem Schlusse des
vorhergehenden Kapitels angehören.

Gudleiv, der Sohn Gudloegs des Reichen von
Stroemfjörd, war ein vorzüglicher Handelsmann und
besass ein Kauffartheischiff. Er kämpfte einst mit Tho-
rolv, dem Sohne Lopte des Eyrensers, der ebenfalls ein
Kauffartheischiff besass, gegen Gyrdus, den Sohn Sig-
valds, des Dynasten, wobei letzterer ein Auge verlor.

Gegen Ende der Regierungszeit Olaf's, des Heiligen, ereignete es sich, dass Gudleiv eine Handelsreise gegen Westen nach Dublin unternahm. Als er sich bereits auf der Heimreise nach Island befand und an der Westküste Irlands entlang segelte, wurde er plötzlich von einem heftigen Nordwest-Winde erfasst und weit in die See hinausgetrieben, so dass weder er, noch seine Leute wussten, wo sie sich befänden oder wohin sie kommen würden. Da der Sommer schon weit vorgerückt war, so nahmen sie ihre Zuflucht zum Gebete und gelobten viele gute Werke zu verrichten, wenn sie dem Ocean wieder entkämen. Endlich erblickten sie Land, und zwar ein sehr ausgedehntes, aber sie kannten es nicht. Da sie es überdrüssig waren, so lange auf dem Meere umhergeworfen zu werden, so fassten sie den Entschluss, zu landen. Sie waren aber nur kurze Zeit am Ufer, als schon Menschen sich ihnen naheten. Von den Einwohnern erkannten sie Niemanden, aber sie glaubten, dass ihre Sprache ganz der irländischen ähnlich sei. Bald darauf strömte eine solche Menge Menschen um sie her zusammen, dass ihre Zahl mehrere Hunderte betrug; diese gingen nun auf die Ankömmlinge los, banden ihnen die Hände und Füsse und streckten sie auf die Erde. Hierauf wurde eine Versammlung berufen und Rath gehalten. Sie verstanden so viel davon, dass die Einen wollten, man solle sie tödten, die Andern aber, dass man sie unter die Dörfer als Sklaven vertheile.

Während dieses verhandelt wurde, erblickten sie eine sehr zahlreiche Truppe von Männern mit wehendem Banner zu Pferde heranziehen, und als diese näher kamen, sahen sie unter der Fahne einen Mann reiten, der sich durch hohen Wuchs und militärische Haltung auszeichnete, jedoch an Jahren schon sehr vorgeschritten

war. Dieser wurde von Allen wie ein Fürst betrachtet
und mit der grössten Ehrerbietung behandelt. Bald
machten sie die Bemerkung, dass alle Pläne und Vorschläge
in Betreff ihres Schicksales vor denselben gebracht
wurden. Dieser Mann liess jetzt den Gudleiv
und seine Genossen vor sich führen; er redete sie in
norwegischer Sprache an und frug, woher sie seien. Sie
antworteten, beinahe Alle von ihnen seien Isländer. Er
frug weiter, welche von ihnen Isländer seien, worauf
Gudleiv erwiederte, er sei ein Isländer, indem er sich vor
ihm verbeugte. Aus welcher Gegend von Island, war
die nächste Frage. Er entgegnete: Aus dem Orte, der
Borgarfjörd genannt wird. Jener wollte genau den Platz
wissen, den er dort bewohnte, was Gudleiv ihm der
Wahrheit getreu berichtete. Hierauf frug dieser Mann
über die einzelnen, ja fast über alle der mehr angesehenen
Männer von Borgarfjörd und Breidafjörd und
über viele Umstände, vorzüglich über Snorrius, den Bischof,
und Thurida von Frodae, der Schwester desselben,
und am meisten über ihren Sohn Kjartan.

Unterdessen verlangten die Eingebornen, dass über
die Seeleute eine Verfügung erlassen werde. Jetzt
wählte jener grosse Mann zwölf von den Seinigen aus
und entfernte sich mit diesen von den Uebrigen zur
Berathung. Als sie zur Menge zurückkehrten, sprach
der grosse Mann zu Gudleiv und dessen Gefährten: „Wir
haben nun über euer Schicksal unterhandelt und die
Eingebornen überliessen die Sache meinem Ermessen;
ich aber gebe euch die Erlaubniss, von hier abzuziehen,
wohin ihr zu gehen wünschet, und obgleich der Sommer
schon weit vorgeschritten erscheint, so rathe ich euch
doch, dass ihr von hier abziehet, denn dieses Volk ist
nicht zuverlässig und es ist schwierig, mit ihm zu unter-

handeln, denn es glaubt sich in seinen Rechten beeinträchtiget." Gudleiv entgegnete: "Was werden wir sagen, wenn es uns glückt, in unser Vaterland zurückzukehren, wer uns diese Freiheit geschenkt hat?" Jener antwortete: "Dieses werde ich euch nicht eröffnen, denn ich kann es nicht dulden, dass meine Verwandten und Jugendgenossen eine solche Reise unternehmen, wie ihr gethan habt, dass ihnen begegne, was euch begegnet wäre, hättet ihr nicht meine Hilfe erhalten; meine Jahre sind bereits so weit vorgeschritten, dass man jede Stunde erwarten muss, ich werde dem Alter unterliegen. Und sollte ich auch noch etwas länger leben, so sind doch in diesem Lande noch mächtigere Männer als ich, obgleich nicht in der Nachbarschaft dieses Ortes, an dem ihr gelandet seid; diese aber gewähren fremden Ankömmlingen nicht leicht Frieden." Hierauf liess dieser Mann ihr Schiff ausrüsten und blieb selbst auf dem Platze, bis ein günstiger Wind sich erhob, mit dem sie aus dem Hafen segelten. Ehe sie abreisten, zog er einen goldenen Ring von seinem Finger, übergab ihn dem Gudleiv zugleich mit einem prächtigen Schwerte und sprach: "Wenn du das Glück haben wirst, nach Island zu kommen, so übergebe dieses Schwert dem Kjartan, dem Helden von Frodae, den Ring aber gib seiner Mutter Thurida." Gudleiv erwiederte: "Was werde ich sagen, wer ihnen diese kostbaren Gegenstände geschickt habe?" Jener entgegnete: "Sage, Derjenige schicke es, der der Hausfrau von Frodae theurer war, als ihrem Bruder, dem Bischofe von Hellgafell. Wenn aber Jemand daraus zu erkennen glaubt, wer diese Kostbarkeiten besessen habe, dem melde diese meine Worte, dass ich es verbiete, dass mich Jemand aufsuche, denn es ist eine sehr beschwerliche Reise, wenn Andere nicht ebenso glücklich sind, wie ihr waret; dieses Land ist gross und ohne Häfen, und Fremden drohen Gefahren von allen Seiten und von den Einwohnern, wenn es ihnen nicht glückt, wie es eben euch begegnet ist." Hierauf verabschiedeten sie sich. Gudleiv fuhr mit den Seinigen auf die hohe See, erreichte Irland im Herbste und brachte den Winter in Dublin zu. Im folgenden Sommer segelten sie nach Island, wo Gudleiv diese Kleinodien mit eigener Hand überlieferte. Man hielt es dann für eine ausgemachte Sache, dass dieser Mann Björn, des Asbrand Sohn, der Athlet von Breidviken war. Mit Ausnahme dessen, was eben berichtet wurde, hat man weiters keine Nachricht mehr über ihn erhalten. — Diesem authentischen Berichte wollen wir noch eine kurze Bemerkung beifügen.

Snorri oder Snorrius, Sohn des Thorgrim, Enkel des Thorstein, war geboren im Jahre 964 und starb im Jahre 1031, war nicht Bischof, sondern der Obere der Geistlichkeit von Hellgafell; möglich ist zwar, dass das Benediktinerkloster zu Hellgafell damals errichtet wurde und dass Snorri der Obere, etwa Prior und vielleicht auch der Stifter desselben war; jedoch zur Abtei wurde es erst im Jahre 1184 erhoben. Einige Autoren wie Rafn S. 254, nennen den Snorri Pontifex, während Torfacus ihn den Curio von Hellgafell nennt (48).

Ein uraltes Lied auf den Faröer-Inseln, in welchem Weinland erwähnt wird.

Auf den Faröer-Inseln gibt es viele merkwürdige Traditionen, welche noch aus der heidnischen Zeit her gleichsam von Hand zu Hand der Nachwelt überliefert wurden, indem sie zum grössten Theile in Gedichte, Kväjir genannt, gefasst wurden, welche den Heldenliedern,

die von den Isländern Rimur, von den übrigen Normannen
Kaempeviser, von den Engländern Balladen genannt werden, ähnlich sind. In einigen dieser Lieder, vorzüglich
in jenen, welche von Personen und Ereignissen des Vaterlandes handeln, ist eine historische Thatsache zu Grunde
gelegt. So geht aus einigen Stellen derselben hervor, es
sei auf den Faröer-Inseln eine im Volke angenommene
Meinung gewesen, dass in jenen Zeiten zwischen Irland
und Amerika ein Verkehr durch Schifffahrt bestanden
habe. Der Hauptinhalt des langen Liedes ist folgender:
Ein gewisser Dynast, Präfekt in Upland, Namens Ulvus,
hatte zwei Söhne, Holdan den Starken und Finn den
Schönen. Finn, welcher die Ingeborga (Inibheaca), die
Tochter eines irländischen Königs, heirathen wollte, begab
sich dahin und stellte seine Bitte. Als ihr Vater ihn
wegen der Ungleichheit des Standes abwies, indem sie
die Tochter eines Königs sei, entbrannte er vor Zorn
und machte auf den König und dessen Leibwache einen
Angriff. Nachdem nicht wenige derselben gefallen waren,
wurde er endlich von der Ueberzahl überwältiget, gefesselt und in das Gefängniss geworfen. Vergebens suchte
die Tochter durch Bitten ihren Vater zu bewegen; endlich aber schickte sie seinem Bruder Holdan durch Boten
die Nachricht von dem Geschehenen. Dieser sammelte
Truppen, kam, um seinen Bruder zu befreien, legte Feuer
an die Burg und verbrannte den König unter seinem
Dache. Hierauf befreite er seinen Bruder aus dem Kerker,
begab sich zu Ingeborga und fragte sie, ob sie ihn zur
Ehe nehmen wollte. Als diese betheuerte, sie wolle sich
mit ihm vermählen, wenn er drei Könige mitten aus
Weinland holen wolle, ging Finn auf das gefährliche
Unternehmen ein, schiffte dahin, und kämpfte allein gegen
Alle. Der Kampf währte lange. Nachdem er endlich

zwei Könige erlegt hatte, wurde er getödtet. Holdan
rächte seinen Bruder, tödtete den dritten König und
kehrte zu Ingeborga zurück und machte Anstalt zur
Hochzeit. Allein sie weigerte sich nach dem Tode Finn's
einen andern zu lieben und starb während der Nacht des
Festes. Holdan aber verzehrte sein Leben vor Gram
über sein trauriges Schicksal (49).

Neunzehntes Kapitel.

Ein Benediktinerkloster in Amerika im zwölften Jahrhundert.

Es wurde oben zur Genüge erläutert, dass in Weinland eine wirkliche Niederlassung von den Scandinaviern gegründet wurde. Wollten auch Thorfinn Karlsefne und der energielose Gemahl der stolzen Freydisia ihre bleibende Residenz daselbst nicht aufschlagen, weil sie wiederholte Ueberfälle der Skrällinger befürchten zu müssen glaubten, so errichteten sie doch feste Gebäude und liessen den grösseren Theil ihrer zahlreichen Begleitung nebst den Hausthieren in der neuen Ansiedelung des guten Weinlandes zurück. Die Verbindung zwischen Grönland und der neuen Kolonie wurde von Zeit zu Zeit durch Schifffahrt unterhalten, vorzüglich um das nöthige Bauholz zu erlangen, woran Grönland grossen Mangel litt. Aus dem wichtigen Umstande, dass Bischof

Eirich im Jahre 1121 sich bewogen fand, nach Weinland zu ziehen, ist zu schliessen, dass die Zahl der Ansiedler sich bedeutend vermehrt haben muss. Die authentischen Quellen, welche dieses Ereigniss berichten, wurden im ersten Kapitel angeführt; über den Zweck der Reise des Bischofes kann kein Zweifel obwalten, ebensowenig lässt sich annehmen, dass er diese immerhin etwas abenteuerliche oder doch gefährliche Reise nicht allein, sondern aller Wahrscheinlichkeit nach in Begleitung von Klerikern oder Mönchen unternommen habe. Folgende Gründe sprechen dafür, dass bei diesem Anlasse das erste Benediktinerkloster auf dem amerikanischen Continent entstanden ist.

Um unser Argument fasslich darzustellen, haben wir zuerst die Verbindung der Benediktiner mit den ersten Entdeckern und Ansiedlern von Island, Grönland und Weinland nachzuweisen, und müssen folglich beim Heimathslande derselben, nämlich im eigentlichen Scandinavien beginnen, um von da mit der Wanderung der Normannen auch die Verbreitung des Benediktinerordens zu verfolgen.

I) Thätigkeit der Benediktiner in Scandinavien als die ersten Glaubensboten und Gründer von Klöstern und Schulen.

Es kann hier keineswegs unsere Absicht sein, ein umfassendes Bild der Geschichte des Benediktinerordens in den nordischen Landen zu entwerfen. Wir müssen uns vielmehr darauf beschränken, die Hauptmomente seines Wirkens unter den scandinavischen Völkern flüchtig zu skizziren und einzelne hervorragende Persönlichkeiten in gebührender Verehrung zu erwähnen. Des ersten Glaubensboten des Nordens wurde bereits in einem früheren

Kapitel gedacht, nämlich des grossen Erzbischofes von Hamburg und Bremen, des heiligen Ansgar.

Seitdem Karl der Grosse mit starker Hand die Sachsen unterworfen hatte, waren die Berührungen zwischen den Franken und Dänen immer häufiger geworden, so dass es Erzbischof Ebbo von Rheims wagen konnte, in Begleitung des Benediktiners Halitgar nicht blos in der Eigenschaft eines kaiserlichen Gesandten, sondern auch als Glaubensbote am Hofe des Königs Harald in Dänemark aufzutreten. Als dieser im Jahre 825 von seinen Unterthanen vertrieben nach Ingelheim zu Kaiser Ludwig dem Frommen kam, um bei ihm Hilfe zu suchen und sich bei dieser Gelegenheit zum Christenthum bekehrte, entwarf man einen Plan zur Bekehrung Dänemarks und Ansgar aus der Abtei Corbei wurde als der erste Apostel desselben ausersehen.

Nach einer gewissenhaften, eines Heiligen würdigen Vorbereitung in Gebet und ununterbrochenem Stillschweigen trat Ansgar, von seinem Mitbruder Autbert begleitet, mit König Harald die Reise nach Dänemark an. Sie landeten im Herbste des Jahres 826 zu Hollingstadt an der Treen und schlugen ihren Sitz zu Haddebye an der Schlei auf, wo sie eine Menge Heiden dem Evangelium gewannen und eine Schule für losgekaufte Heidenknaben errichteten, die sie zum Dienste der Mission zu bilden gedachten: allein durch Harald's abermalige Vertreibung ward nach zwei Jahren Alles unterbrochen; Autbert musste wegen Kränklichkeit nach Corbei sich zurück begeben und starb nach Jahresfrist; Ansgar aber, vom Könige Björn eingeladen, ging mit zwei Gefährten, ebenfalls Mönchen des Klosters Corbei, Withmar und Gislemar, nach Schweden. Auf dem Meere wurden sie von Seeräubern überfallen und verloren all' ihre Habe, ihre

Bücher und Kirchengeräthschaften, sogar die für den König bestimmten Geschenke. In Biork, der Hauptstadt des Landes, fanden sie aber dennoch gute Aufnahme, und unzählige Bekehrungen waren der Lohn ihrer anderthalbjährigen Mühen. Ansgar brachte nun dem Gründer der nordischen Mission, Kaiser Ludwig, Bericht über seine Erfolge und wurde von ihm zum Erzbischof von Hamburg, welcher Sitz als Ausgangspunkt der Missionen für den Norden gegründet worden war, ernannt. Als Missionsseminar sollte ihm das Kloster Turnholt in Flandern dienen. Ansgar gründete in Hamburg verschiedene Missionsanstalten, legte eine Schule und Bibliothek an, vollendete den Dom und sandte eine grosse Anzahl von Glaubensboten nach Dänemark, Schweden und Norwegen. Im Jahre 865 starb dieser Apostel des Nordens, ein würdiger Nachfolger des heiligen Bonifazius. Seine Schüler, die er als Missionäre aussandte, hatte er gelehrt von der eigenen Hände Arbeit zu leben; er selbst pflegte Netze zu stricken, beobachtete immer streng seine Ordensregel, kaufte viele Gefangene los, baute Klöster und Hospitäler, schaffte unter den Nordalbingern den Menschenhandel ab, und während er sich die härtesten Entbehrungen auferlegte, konnte er von dem Ersparten den Unterhalt anderer Priester bestreiten und mächtigen Heiden reiche Geschenke machen.

Ansgar's Nachfolger in der vereinigten Kirche Hamburg-Bremen, sein Schüler und Lebensbeschreiber, der heilige Rembert, wirkte ganz im Geiste seines grossen Vorbildes. In Turnholt erzogen, hatte er sich von jeher auf dem Missionsfelde so ausgezeichnet, dass Ansgar in seiner letzten Krankheit ihn zum Nachfolger vorschlug mit den Worten: „Rembert ist würdiger des Amtes eines Erzbischofes als ich des eines Diakons." Nach dessen

Tode einstimmig gewählt, nahm er das Ordenskleid zu Corbei und lebte nun als Bischof nach der Regel des heiligen Benedikt. Sein Eifer trieb ihn an, selbst den Slaven und Wenden das Evangelium zu predigen. Der selige Wimo, der sich ebenfalls im Kloster Corbei dem Ordensleben gewidmet hatte, wurde wegen seiner Kenntnisse, Weisheit und Frömmigkeit auf den erzbischöflichen Stuhl von Bremen erhoben, welchen er sechszehn Jahre mit Segen inne hatte. Von apostolischem Eifer durchdrungen, wanderte er durch Schweden und Dänemark, befestigte Wankende im Glauben und bekehrte Ungläubige, bis er am 21. Oktober 936 zu Birk zum ewigen Lohne abgerufen wurde. Das Benediktinerkloster in Birk war um diese Zeit schon gegründet (50).

Um es kurz zu fassen, genüge es darauf hinzuweisen, dass die Scandinaven die heiligen Bischöfe Ansgar, Rembert, Gislemar 870, Nikolaus, Wimo 936, Stephan, Siegfried, David 1060, Trophimus 1284, Benno 1190 u. v. a., alle Söhne des heiligen Benedikt, als ihre Glaubensboten verehrten; ferner, dass diese nicht vorübergehend daselbst gewirkt, sondern sich mit ihren Gehilfen und Mitbrüdern auch bleibend niedergelassen haben, indem sie bedeutende Klöster errichteten, welche als Pflanzstätten der Frömmigkeit, der Wissenschaft und Cultur die festen Stützen der Kirche im Norden waren. An Benediktiner-Klöstern zählte Norwegen eilf, Schweden acht, wovon drei zur Congregation von Cluny gehörten, nebstdem noch dreizehn Cisterzienserklöster, welche sämmtlich der Regel des heiligen Benedikt folgten; in Dänemark bestanden achtundzwanzig Benediktiner- und Cisterzienser-Klöster. Die Namen dieser Klöster nebst dem Jahre ihrer Gründung findet man bei Messenius, Scandia illustrata a Joanne Peringskioeld fol. II. vol. Stockholm 1700 tom. IX. cap. XXIX. p. 78. Mit Ausnahme von Birk und Munchaboden, welche noch im neunten Jahrhundert, letzteres im Jahre 855, gegründet wurden, entstanden alle übrigen im eilften und zwölften Jahrhunderte.

2) Die Benediktiner in Island.

Von Norwegen aus folgten die Benediktiner den Auswanderern nach Island, wo sie grösstentheils noch im zwölften Jahrhunderte neun Klöster, sieben für Mönche und zwei für Nonnen errichteten. Die Abtei Thingeyren in der Diözese Skalholt wurde unter Bischof Thorlak im Jahre 1120 gegründet. Der Abt Karl Jonson, die Mönche Gunloeg, Oddo u. a. aus diesem Kloster sind als Schriftsteller des zwölften und dreizehnten Jahrhunderts bereits oben erwähnt. Das Kloster Hellgafell wurde im Jahre 1184 gegründet. Hier hatte Kjartan gewohnt, der Sohn des Björn Asbrandson, der von Gudleiv Gudloegson in Huitramannaland, d. i. Grossirland in Amerika, vor dem Jahre 1030 gefunden und durch die Geschenke, welche er an die nächsten Verwandten sandte, erkannt wurde. Die Mönche dieses Klosters waren somit schon von der Gründung desselben an mit den Entdeckungen Amerika's bekannt. Das Nonnenkloster Glaumboe, in welches sich Gudrida, die Gemahlin des Thorfinn Karlsefne nach seinem Tode und nach ihrer Rückkehr von der Wallfahrt nach Rom zurückzog, wurde im Jahre 1015 gegründet. Unter den übrigen Klöstern finden wir zwei für Kanoniker, eines auf Island und das andere in Grönland. Die Regel der Kanoniker, von dem heiligen Bischof Chrodegang von Metz für die Geistlichkeit seiner Cathedrale entworfen und im Laufe der Zeit über ganz Europa verbreitet, ist wörtlich und wesentlich dieselbe,

wie die Regel des heiligen Benedikt, und nur diejenigen
Bestimmungen sind geändert, welche auf solche, die keine
Gelübde ablegen und an den Geschäften der bischöflichen
Verwaltung sich betheiligen müssen, keine Anwendung
finden konnten.

Aus der Zahl dieser Kanoniker haben wir einen heiligen Bischof zu verzeichnen, nämlich den heiligen Thorlak.
Von Jugend auf mit guten Sitten geschmückt und frühzeitig in den Wissenschaften unterrichtet, wurde Thorlak
von seinen Eltern zur Vollendung seiner Studien nach
Paris geschickt. Nachdem er die heilige Priesterweihe
empfangen, kehrte er, gründlich bewandert in allen
Regeln des göttlichen Gesetzes in sein Vaterland zurück,
trat den Kanonikern bei und zeichnete sich besonders
durch seine Liebe zur Betrachtung himmlischer Dinge
aus. Erst zum Prior und später auch zum Abte erwählt, unterwies er die Seinigen mit grossem Eifer in
der Beobachtung der heiligen Regel. Als der ehrwürdige
Claingus oder Elongius, Bischof von Skalholt, vom Alter
gebeugt, mit Einstimmung des Clerus und des Volkes
ihn zu seinem Coadjutor und Nachfolger erwählt hatte,
verwaltete Thorlak beide Aemter und Gott der Herr
wirkte viele Wunder durch ihn. Nach dem Tode des
Bischofes Elongius nahm er Besitz von der Cathedrale
von Skalholt im Jahre 1171. Fünfzehn Jahre hatte er
sein hohes Amt im Rufe der Heiligkeit verwaltet, als er
in eine tödtliche Krankheit verfiel. Gestärkt durch die
heiligen Sakramente der Kirche Gottes ging er endlich
in die Freude seines Herrn ein am 23. Dezember des
Jahres 1186 im sechszigsten Jahre seines Alters. (Siehe
das Brevier der Kirche von Nidaros. ap. Messenii Scandia
ill. tom. IX. lib. II. cap. XVII.)

Ein anderer Benediktiner war Bischof Jonas oder

Johannes II., ein Sohn des Endrid. Er war als Abt von Selia auf den bischöflichen Stuhl von Skalholt erhoben und am Feste des heiligen Jakobus 1339 durch Erzbischof Arno in Drontheim consecrirt. Schon am Vorabend des Festes des heiligen Bartholomäus landete er im Hafen von Hvalfjörd und hielt am Feste der Enthauptung des heiligen Johannes seinen Einzug in Skalholt. Ueber den Abt Magnus von Hellgafell, den nachherigen Bischof von Skalholt, werden wir noch später in Betreff seiner Conferenz mit Christoph Columbus zu sprechen kommen.

Vermuthen lässt sich aus dem Ganzen, dass auch mehrere Mitglieder des genannten Ordens den bischöflichen Stuhl von Holum im nördlichen Theile Islands inne hatten. Unter diesen möge genannt werden Jorund, im Jahre 1267 durch Erzbischof Haquin zum Bischof von Holum geweiht. Er gründete im Jahre 1296 das Benediktinerkloster Mödruvalle und das Nonnenkloster in der Stadt Reinisnes.

3) Benediktiner in Grönland.

Von Island zogen Mönche nach Grönland und gründeten ein Ordenshaus nicht weit von Vatsdal bei der Kirche, die dem heiligen Olaus und dem heiligen Augustin geweiht war; die Chronik nennt diese Religiosen Kanoniker. Der Name Kanoniker, sowie der Umstand, dass die Klosterkirche nebst dem heiligen Olaus auch den heiligen Augustin zum Patrone hatte, könnte uns die Vermuthung nahe legen, als seien diese Kanoniker nicht der Benediktinerregel nach der Einrichtung des heiligen Chrodegang gefolgt, sondern seien für Augustiner-Chorherren zu halten. —

Abgesehen davon, ob die genannte Kirche den heiligen Kirchenlehrer oder den heiligen Benediktiner Augustin, den Apostel von England, gestorben 607, als Schutzheiligen verehrt habe, müssen wir auf drei andere Punkte aufmerksam machen, welche Aufklärung in dieser Frage verschaffen: 1) Unser erwähntes Kloster nebst der Kirche in Grönland bestand bereits im zwölften Jahrhundert, wie der Flateyensische Codex, col. 850—851, bezeugt; 2) der heilige Kirchenlehrer Augustin schrieb selbst keine Regel für seine Kleriker, sondern begnügte sich damit, wie Thomassin (l. c. pars I. lib. III. c. XI. 7, 8, 9, 10) sagt, das Beispiel und die Regel der Apostel bei seinem Klerus in's Leben eingeführt zu haben; 3) erst im Jahre 1256 wurden mehrere Genossenschaften in Italien zu einem einzigen Orden unter der Regel des heiligen Augustin vereinigt; aber diese Regel wurde nicht nach dem heiligen Augustin genannt, als ob man glaubte, dass sie von ihm selbst verfasst worden sei, sondern nur desshalb, weil mehrere Statuten aus den Schriften des heiligen Augustin in diese Regel aufgenommen wurden, nämlich aus seinen zwei Reden de moribus clericorum und aus seinem 10⁰. Briefe, der an die Nonnen gerichtet ist. Mithin ist also anzunehmen, dass diese Kanoniker in Grönland der Regel des heiligen Benedikt nach der Einrichtung Chrodegangs folgten.

Zu Rafnsfjörd, zunächst bei Ketilsfjörd, stand im innern Theil der Bucht das Kloster der Benediktiner-Nonnen. Zu diesem Kloster gehörten auch einige Inseln, auf denen heisse Quellen sich befanden, die zu Bädern benützt wurden, jedoch nur mit Erlaubniss der Klosterverwaltung, wie der Bericht lautet. Viele Kranke erlangten ihre Gesundheit wieder. Im Winter war das Wasser dieser Quellen so heiss, dass Niemand sich ihnen nahen konnte (s. Rafn p. 310).

Das Mitgetheilte dürfte hinreichen, um den Beweis zu liefern, dass die Benediktiner die ersten Glaubensboten der Skandinavier waren, dass sie nicht nur vorübergehend als Missionäre unter ihnen wirkten, sondern sich auch bleibend niederliessen, indem sie zu diesem Zwecke bedeutende Abteien gründeten, mit denen sie Stiftsschulen und Bibliotheken verbanden, so dass ihre Klöster zugleich feste Stützpunkte der heiligen Kirche und unbezwingliche Vorposten der Civilisation für jene Gegenden wurden, über welche sie ihren Wirkungskreis ausdehnten, nämlich über Dänemark, Schweden, Norwegen, Island und Grönland.

4) Benediktiner waren betheiliget bei der Entdeckung Amerika's durch Björn.

Hier möge noch eine Zurückweisung auf eine frühere Mittheilung gestattet sein. Als Björn (oder Biarn), Sohn des Herjulf, bei der Rückkehr von seiner Handelsreise aus Norwegen zu Eyras in Island die Nachricht erhielt, dass sein Vater nebst vielen Andern mit Eirich dem Rothen nach Grönland ausgewandert sei, ward sein Entschluss sogleich gefasst, ebenfalls dahin zu segeln. Er wurde aber durch einen Sturm an die Ostküste Amerika's getrieben, sah Weinland, Neu-England, Markland = Neu-Schottland und Helluland = Neufundland, und erreichte endlich Herjulfnes, seines Vaters Wohnsitz in Grönland. Auf dieser Reise hatte er Mönche aus den Hebriden bei sich. Sprechen die Annalen auch nur von einem Mönche, so lässt sich doch schliessen, dass sie selbst dieses einen nicht erwähnt hätten, wenn er nicht auf dieser Reise ein Lied gedichtet hätte, nämlich die sogenannte Hafgerdingadrapa, d. h. das Meerumzäunungenlied, dessen Schlussstrophe folgenden Inhaltes ist:

Isländisch: Mine Reiser jeg den milde
Munkes Prover beder styre,
Haanden holde Himmelborgens
Herre over mig beständig, u. s. w.

d. i.: „Den Prüfer der Mönche, den Kenner der Gefahr, bitte ich, dass er meine Reise begünstige; möge der Herr, welcher Himmel und Erde erhält, mich mit seiner Rechten beschütze."
Was anders soll der Zweck der Reise dieser Mönche gewesen sein, als eine Missionsreise, um den christlichen Glauben zu verbreiten! Wollte Jemand Bedenken tragen, ob diese Mönche der Hebriden auch Benediktiner waren, so erinnern wir, dass bereits am Ende des siebenten Jahrhunderts das Kloster der Insel Hy oder Jona und alle davon abhängigen Ordenshäuser, wozu auch die der Hebriden gehörten, durch die Bemühungen des heiligen Abtes Adamnanus die römische Osterfeier und im Jahre 716 durch den heiligen Mönch Egbert auch die Regel des heiligen Benedikt angenommen haben.

An dieser Stelle soll auch das Zeugniss eines Schriftstellers angeführt werden, der die Itinerarien und Chroniken der Cassinenser Benediktiner in den Bibliotheken Italiens durchsuchte. Kardinal Baluffi sagt in seinem Werke über Amerika, 1. Bd. Kap. 1. n. a.: Die Benediktiner-Mönche von Scandinavien waren die ersten Entdecker der unbekannten Länder, wie ihre Itinerarien bezeugen." C. Fabricio Cap. 30, Sal. lux Evang.

5) **Ruinen einer Kirche und eines Klosters von scandinavischer Bauart wurden von den ersten englischen Ansiedlern in Neuengland gefunden.**

Die Gesellschaft der Alterthumsforscher in Rhode-Island veröffentlichte folgenden Bericht über die Ruinen, welche an der Naragansettbai in der Gegend des bereits viel besprochenen Weinlandes von den englischen Pilgern gefunden wurden:

„Der alte Tholus in Newport, dessen Erbauung gleichzeitig zu sein scheint mit der Zeit des Bischofes Erik 1121, gehörte einer scandinavischen Kirche oder einem Kloster an, wo in Abwechslung mit lateinischen Messen die alte dänische Sprache vor siebenhundert Jahren gehört wurde."

Somit kommen wir also zu dem Schlusse, dass zwar keine evidenten Beweise, wohl aber alle Umstände darauf hinweisen, dass bei Newport im zwölften Jahrhundert bereits ein Benediktinerkloster bestanden habe.

Zwanzigstes Kapitel.

Die Insel der sieben Städte im achten Jahrhundert. —
Friesen kommen nach Amerika im eilften Jahrhundert.

Die Legende erzählt, dass zur Zeit, als Spanien und Portugal von den Mauren beherrscht wurden, ungefähr um das Jahr 711, die Einwohner nach jeder Richtung hin entflohen, um nicht in die Sklaverei zu fallen. Sieben Bischöfe, begleitet von einer grossen Menge Volkes, begaben sich auf die Schiffe und segelten in das weite Meer hinaus. Nachdem sie lange Zeit von Wind und Wogen umhergetrieben worden, landeten sie an einer unbekannten Insel. Hier verbrannten die Bischöfe die Schiffe, um allem Wankelmuthe und der Gelegenheit, wieder heimzukehren, zuvorzukommen und gründeten sieben Städte. Das geheimnissvolle Land

soll öfters von Seefahrern besucht worden sein, aber
nur wenige kehrten von dort zurück . . . . .

Im Jahre 1486 wurden unter der Regierung des
Königs Johann II. von Portugal mehrere Urkunden ausgefertiget, welche sich auf die Entdeckung der Insel der
sieben Städte beziehen, wie man die Insel Antilia zu
nennen pflegte; doch ist es hier unentschieden gelassen,
ob diese Bezeichnung eine oder mehrere Inseln, oder
ein Festland umfassen solle. Ferdinand Dulmo, nach
dem Zeugnisse eines portugiesischen Geschichtschreibers,
der sich die Geschichte der Inseln zur Aufgabe gestellt
hatte, seiner Abstammung nach ein Flamländer oder
Franzose, soll an der Nordseite der Insel Terceira, da,
wo jetzt die Ortschaft Quatro Ribeiras liegt, die erste
Ansiedelung gegründet haben, da er aber die Gegend
nicht nach seinem Wunsche fand, bald nach Portugal
zurückgekehrt sein.

Dort finden wir ihn noch unter der Regierung des
Königs Johann II. mit dem Titel eines Capitäns der
Insel Terceira, den er von dem Infanten Emanuel erhalten hatte. Zu Santarem stellt er am Anfange des
März 1486 an den König die Bitte, ihm die grosse
Insel oder die Inseln, oder das Festland seiner Entdeckung zu schenken, welche man für die Insel der
sieben Städte halte, die er auf seine Kosten entdecken
wolle oder durch einen Andern in seinem Auftrage entdecken lasse. Als man endlich Madeira entdeckte, glaubte
man in Portugal, die Insel der sieben Städte, welche
einige Portugiesen, wie Ferdinand Columbus sagt, als
gleichbedeutend mit der Insel Antilia nahmen, schon
gefunden zu haben. In der Geschichte der Entdeckung
von Madeira wird sie aber auch als dieselbe mit der
Insel Zipangu erklärt.

Andrea Bianco zeichnete in seiner Landkarte vom Jahre 1436 die Antilia-Insel mit sieben Städten gegen Westen von Portugal und schrieb darüber durch den Florentiner Paul Toscanelli an Columbus; er unterscheidet jedoch Antilia und Zipangu, indem er bemerkt, dass beide von der Stadt Lissabon aus gerade gegen Westen liegen. Auf der Karte des Andrea Bianco, die Lelewel in das Jahr 1433 setzt, findet sich die Mittheilung bestätigt, nach welcher spanische Schiffe im Jahre 1414 bis gegen die Insel Antilia nach Westen vorgedrungen sind, denn es stehen auf ihr im Süden von Antilia zwischen dieser Insel, der Insel Satanaxio oder Satanshand, und der westlichen Gruppe der Azoren die Worte: Dieses ist das Meer Spaniens.

Edle Friesen kamen nach Amerika im eilften Jahrhundert (51).

Friesland, schreibt Adam von Bremen im Jahre 1070 in seinen Scholien, ist ein Küstenland und wegen seiner vielen Sümpfe fast unzugänglich. Es enthält siebzehn Dörfer, von denen der dritte Theil zur Diözese Bremen gehört, nämlich folgende Ortschaften: Ostrange, Rustringe, Wanga, Diesmer, Herloga, Nord und Morset. Diese sieben Dörfer besitzen ungefähr fünfzig Kirchen. Ein Sumpf, der Walpinga genannt wird, trennt diesen Theil Frieslands von Sachsen; die nächste Grenze entsteht durch den Ocean und die vierte durch den Fluss Emisgoe.

Bischof Adalbert, seligen Andenkens, (reg. vom Jahre 1043 bis 1072), schreibt Adam in seiner Kirchengeschichte lib. II, cap. 51, 62 und 63, erzählt uns, in den Tagen seines Vorfahrers Aldebrand Bezelin, (reg. vom Jahre 1033 bis 1043), haben einige vornehme Friesen, in der Absicht, das Meer gegen Norden hin zu bereisen, mit Segelschiffen sich zur See begeben. Da die allgemeine Sage unter den Bewohnern des Landes war, dass, wenn man von der Mündung des Wirraha-Flusses (der Weser) in gerader Richtung gegen Norden segle, man auf kein Land, sondern in jenes Meer gerathe, welches Liberse (Ocean) genannt wird, so verschworen sich einige junge Leute von der Küste der Friesen, um diese Sache auszukundschaften und begaben sich fröhlich und voll Muth auf die hohe See. Dänemark liessen sie zur Rechten, Britannien zur Linken und erreichten die Orkaden. Nachdem sie auch diese zur Linken gelassen, lag Norwegen ihnen zur Rechten und sie gelangten nach einer günstigen Fahrt zum eisigen Island. Von hier aus durchsuchten sie das Meer gegen die äusserste Axe des Nordens. Als sie nun alle erwähnten Inseln und Länder hinter sich hatten, empfahlen sie ihr Unternehmen dem allmächtigen Gott und seinem Bekenner, dem heiligen Willehad, und flehten um eine glückliche Reise. Eines Tages geriethen sie plötzlich in die schwarze Finsterniss des klebrigen Oceans, die man kaum mit den Augen zu durchdringen vermag. Und siehe, die wechselnde Strömung des Oceans zog die schon der Verzweiflung nahen Seefahrer mit der grössten Gewalt nach jenem tiefen Chaos hin, welches der Schlund des Abgrundes sein soll, von welchem die Rückströmungen verschlungen und wieder ausgespieen werden. Die zurückströmende Gewalt der Meeresfluth trieb einige Schiffe der Genossen hinweg, welche die sie forttreibende Strömung mit aller Kraft ihrer Ruder unterstützten, während die übrigen von dem wieder hervordringenden Wasser rückwärts gedrängt wurden.

Tui sunt coeli et tua est terra, et tu dominaris potestati maris, et judicia tua abyssus multa, ideoque jure dicuntur incomprehensibilia, ruft Adam hier aus. Dein sind die Himmel und Dein ist die Erde, und Du herrschest über die Gewalt des Meeres, und Deine Urtheile sind ein grosser Abgrund und werden desshalb mit Recht unergründlich genannt.

Folgende, die Angst der Friesen beschreibende Strophen, obwohl nicht aus dem Text der Chronik, mögen hier ausnahmsweise Raum finden.

> Hört ihr sie brausen die steigenden Wellen?
> Seh't ihr sie kommen die mächtige Fluth?
> Seh't ihr die Wasser, die reissenden, schwellen?
> Hört ihr des Strudels schäumende Wuth?
>
> Fühlt ihr die Feste des Meeres nicht zittern?
> Wie von dem Donner der wilden Schlacht?
> Schlünde sich öffnen, gleich Tigern sie wüthen;
> Rings im Horizont ist schaurige Nacht.
>
> Könnt ihr die Schiffe, die sinkenden, schützen?
> Furchtbar vom Sturme der Wogen umheult?
> Was wird da Steuer und Segel noch nützen?
> Scheint ja schon Alles der Tiefe geweiht!
>
> Aus den wilden Wellen
> Schau'n sie himmelan,
> Rufen in der Seelen
> Hilf' von Oben an.
>
> „Heil'ger Willehade"
> „Bitte Du für uns!"
> Rufen jetzt sie Alle,
> Fleh'n sie voll Inbrunst.
>
> Bald der Nebel fliehet,
> Auch die Sonn' sich zeigt,
> Und das Schiff es ziehet,
> Wie's das Steuer neigt.

Und es kommt der Frieden
Auf das wilde Meer,
Als ob rings hienieden,
Nichts als Ruhe wär'!*)

Hören wir nun den weitern Verlauf nach Adam's Bericht:

Indem sie sich nun in's Gebet begaben und ganz allein auf die Barmherzigkeit Gottes vertrauten, wurden sie von der augenscheinlichen Gefahr, in der sie geschwebt hatten, durch die gütige Hilfe Gottes befreit. Kräftig griffen sie in die Ruder und fuhren mit der Strömung. So entkamen sie dem Bereiche der gefährlichen Finsterniss, wie der kalten Zone, und landeten unverhofft auf einer gewissen Insel, die von sehr hohen Klippen, gleichsam wie eine Stadt mit Mauern, umgeben war. Sie verliessen ihre Schiffe, um sich das Land zu besehen; hier fanden sie Menschen, welche zur Mittagszeit in unterirdischen Höhlen verborgen waren; vor den Eingängen derselben lag eine überaus grosse Menge goldener Gefässe und von anderm Metalle, welches von den Sterblichen für selten und kostbar gehalten wird. Sie nahmen daher einen Theil von diesen Geschirren, so viel sie tragen konnten und ruderten voll Freude eilig zu ihren Schiffen zurück. Schon dachten sie an nichts Anderes, als sogleich wieder an's Land zu fahren, da erblickten sie dort Menschen von wunderbarer Grösse, dergleichen die Unsrigen Cyklopen nennen; vor diesen gingen Hunde einher, welche ebenfalls grösser als die gewöhnlichen waren. Durch letztere wurde sogleich einer der Genossen gefangen und vor ihren Augen zer-

---

*) Nach einem Marienlied der Gräfin Ida Hahn-Hahn.

fleischt. Die übrigen Seeleute aber flüchteten sich in
die Schiffe und entrannen der Gefahr, obgleich sie von
den riesigen Menschen mit lautem Geschrei fast bis auf
die hohe See hinaus verfolgt wurden. Jetzt machten sich die Friesen auf den Heimweg
und gelangten nach einer glücklichen Fahrt nach Bremen,
wo sie dem Bischofe Alebrand Alles der Ordnung nach
erzählten und zum Danke für ihre Rettung und glückliche Rückkehr unserm Herrn und Heilande Christus und
seinem Bekenner, dem heiligen Willehad, Opfer brachten.
An der Glaubwürdigkeit dieser Erzählung lässt sich
nicht zweifeln, schwieriger jedoch möchte es sein, eine
genaue Erklärung der von diesen Friesen entdeckten
Insel zu geben, ohne wichtigen Einwendungen zu begegnen.

Diese Friesen waren nach ihrem Berichte in Finsterniss, d. i. so dichten und anhaltenden Nebel gerathen,
dass sie bereits alle Hoffnung, je daraus zu kommen,
aufgaben. Man muss voraussetzen, dass unsere Helden
keine Neulinge in der Schifffahrt waren, sonst hätten sie
ein solch' gewagtes Abenteuer nicht unternommen; folglich darf man annehmen, dass sie vor gewöhnlichem
Nebel, der sich zu gewissen Zeiten und Umständen an
allen Orten des Meeres einstellt, noch nicht in Todesangst geriethen. Aus dieser Ursache dürfen wir schliessen,
dass sie hier in einen Nebel gerathen waren, der so
dicht war und so lange andauerte, dass sie dergleichen
weder selbst jemals erfahren, noch von Andern gehört
hatten. In unsern Tagen aber weiss nicht blos jeder
Seefahrer, sondern auch jeder der Geographie Kundige,
dass die „lange Bank" bei Neufundland den ganzen
Monat Mai hindurch und die erste Hälfte des Monats
Juni regelmässig und ausserdem noch oft zu anderer

Zeit des Jahres vom dichten Nebel nie verlassen wird. Diese Nebel sind aber nicht etwa auf eine kurze Strecke beschränkt, sondern die Neufundland-Bank oder vielmehr Bänke, bilden die ausgedehnteste unterseeische Höhenfläche auf der ganzen Erde. In ihrer ganzen Ausdehnung umfassen sie sechs Längengrade, ungefähr zweihundert bis zweihundertundsechzig Meilen, und beinahe zehn Breitengrade, sechs- bis siebenhundert Meilen, mit einer Wassertiefe von zehn bis einhundertundsechzig Faden (à sechs Fuss), im Durchschnitte jedoch vierzig Faden.

Gerade wegen der grossen Ausdehnung dieses Nebels folgt noch keineswegs, dass die von den Friesen entdeckte Insel wirklich Neufundland war. Jedoch folgende Umstände möchten uns auf die Vermuthung selbst bringen, dass bewusste Insel entweder Neufundland oder Neu-Schottland war:

a) die Ostküste Neufundlands ist der nächste Landungsplatz, südlich vom 50. Breitengrade für die aus Europa Kommenden, denn sie liegt nur eintausendsechshundertundvierzig englische Meilen von der Westküste Irlands entfernt;

b) die Beschreibung ihrer Erfahrung mit dem dichten Nebel trifft hier mehr zu als an anderen Orten;

c) Neufundland und noch mehr Neu-Schottland haben an gewissen Stellen hohe, steile und felsige Ufer, „die an eine Stadt mit Mauern" erinnern;

d) dass damals auch Indianer in Neufundland und Neu-Schottland wohnten, ist wohl glaublich, denn auch jetzt leben noch welche dort; der Unterschied möchte jedoch sein, dass sie damals als die Herren des Landes frei und offen hausten, während sie jetzt in den Gebirgen und Wäldern scheu und zurückgezogen leben. Die goldenen Gefässe mögen durch flüchtige Indianer aus dem

Süden gekommen, oder in Kriegen und Raubzügen von Stamm zu Stamm gebracht worden sein. Jedoch Neu-Schottland besitzt Goldminen;

e) die Neufundländer-Hunde sind bekannt;

f) die hohen steilen Felsenufer mit der starken Brandung, verursacht durch die Meeresströmung, durch Winde und durch die regelmässig kehrende Fluth, machten eine Landung unmöglich; die Ebbe brachte sie immer wieder in das weite Meer hinaus, bis sie endlich einen natürlichen Hafen erreichten. Neufundlands Küste ist gegen Südost und Süden von breiten und tiefen Buchten und Häfen durchbrochen, einer dieser Häfen der Ostküste ist Conceptionbai. (Hier zeigt sich in unsern Tagen die merkwürdige Erscheinung, dass das Land in und um die Bai, vielleicht auch die ganze Insel, sich nach und nach immer mehr aus dem Ocean erhebt. Bei Ponte-de-Grave, in der genannten Bai, kommen grosse Felsenflächen, über welche vor vierzig und fünfzig Jahren noch grosse Schiffe ohne die geringste Schwierigkeit hinwegsegelten, allmälig so weit zur Oberfläche, dass kaum mehr ein kleines Schiff oder Ruderboot darüber hinwegfahren kann.)

g) Mit den Wirkungen der Ebbe und Fluth waren die Friesen als erfahrene Schiffer wohl bekannt, aber die Ursache derselben erklärten sie selbst sowie die Schriftsteller ihrer Zeit und auch Adam von Bremen auf die irrigste Weise. Die periodische Bewegung des Meeres in der sechs Stunden steigenden Fluth und sechs Stunden fallenden Ebbe beobachteten sie wohl so gut wie wir; aber die Ursache davon suchten sie nicht wie wir in der ungleichen Anziehungskraft der Sonne und des Mondes auf die verschiedenen Theile der Erde, sie erkannten nicht, dass Sonne und Mond jene Theile der Erdoberfläche, welche ihnen zunächst sind, mit grösserer Kraft anziehen, als deren Centrum, und das Centrum der Erde mehr, als die gegenüberliegende Oberfläche. Würde der Mond allein Ebbe und Fluth bewirken, so müssten sie jeden Tag um neunundvierzig Minuten später eintreten, weil nämlich auch der Mond jeden Tag um neunundvierzig Minuten später unter den Meridian kömmt; allein die Fluth und Ebbe treten früher ein, wenn der Mond im ersten und dritten Viertel steht, und später, wenn im zweiten und letzten. Jedesmal wird die Fluth sechsunddreissig Stunden nach dem Neumond und Vollmond höher als gewöhnlich; hingegen ist die Ebbe sechsunddreissig Stunden nach dem ersten und letzten Viertel niedriger als gewöhnlich. Da die genaue Zeit der Fluthhöhe je an einem Platze immer mit Eintritt des Vollmondes dieselbe ist, so hat man darüber Tabellen entworfen, welche für die Schifffahrt vom grössten Nutzen sind. In New-York z. B. tritt die Fluth bei Vollmond um acht Uhr dreizehn Minuten ein und erreicht eine Höhe von fünf Fuss vier Zoll; in Halifax in Neu-Schottland um sieben Uhr dreissig Minuten und steigt acht Fuss; in Cap Hatteras in Nord-Carolina um sieben Uhr vier Minuten und steigt zwölf Fuss; in St. Augustin in Florida um acht Uhr zwanzig Minuten und steigt vier Fuss sieben Zoll; in Portsmouth in Rhode-Island um eilf Uhr dreiundzwanzig Minuten und steigt zehn Fuss; in Portsmouth in England um eilf Uhr sechsunddreissig Minuten und steigt achtzehn Fuss u. s. w.

Unsere Friesen erklärten sich mit ihren Zeitgenossen die Ursache von Ebbe und Fluth in einem ungeheuren Strudel, der sich irgendwo im Meere vielleicht beim Nordpole befinde und in dessen Nähe zu gerathen höchst gefährlich sei. Und als sie sich wirklich in dieser Gefahr zu befinden glaubten, zeigten sie sich nicht blos als tapfere

Seefahrer, sondern auch als gute Christen, die wissen, wo auch in der grössten Noth Hilfe zu finden ist. Vertrauensvoll nahmen sie ihre Zuflucht zum Gebete und machten Gelübde. Sie gelobten unserm göttlichen Heilande und dem heiligen Willehad zu Ehren gewisse Opfer oder Almosen und überhaupt gute Werke zu verrichten. Bis zum siebenten Jahrhundert hatten die Friesen in ihrem Sumpflande gleichsam wie die Fische im Wasser gelebt, wie ein alter Schriftsteller sagt, ohne Verkehr mit andern Nationen und blieben in der Finsterniss des Heidenthums. Endlich fügte es die göttliche Vorsehung, dass englische Benediktiner sich Friesland als ihr Missionsfeld erwählten. Da finden wir eine Reihenfolge heiliger Männer wie Wilfried im Jahre 678, Wigbert 689, Willibrord 690, Eoban und den heiligen Bonifaz 755, den heiligen Willehad 789, letzterer starb am 8. November als Bischof von Bremen.

Einundzwanzigstes Kapitel.

Madok, ein Fürst von Wales, gründet eine Niederlassung in Amerika im zwölften Jahrhundert.

Im Jahre 1168 oder 1169, als Owen Guyneth, der regierende Fürst von Cambria (dem heutigen Wales, Provinz Englands), starb, stritten dessen Söhne unter sich um die Nachfolge in der Herrschaft auf solche Weise, dass ein Bürgerkrieg entstand. Madok, einer der Söhne, hatte den Oberbefehl über die Flotte, nahm aber keinen Theil an dem Kampfe. Ueberdrüssig des Streites unter Brüdern und des Bürgerkrieges, und machtlos, um die Streitenden zur Vernunft zu bringen, fasste er den Entschluss, Cambria zu verlassen und auf die See zu gehen, um neue Länder aufzusuchen. Demgemäss rüstete er einige Schiffe aus, versah sie mit Lebensmitteln und anderm Bedarf und verliess sein Vaterland im Jahre 1170. Sobald er südlich von Irland sich befand, nahm er seinen Curs nach Westen, bis er auf unbekannte Länder stiess, wo er viele merkwürdige Entdeckungen machte, und einen Platz zur Niederlassung auswählte. Hier liess er einhundertundzwanzig Personen in der neuen Ansiedelung, während er selbst in sein Vaterland zurückkehrte und den Cambriern berichtete, welch' herrliche und fruchtbare Länder er entdeckt habe, die überdies noch unbewohnt seien. „Warum," sagte er zu ihnen, „streitet ihr euch da um dieses unfruchtbare und rauhe Land; warum kämpft hier Bruder gegen Bruder, wozu schlagt ihr euch täglich Wunde auf Wunde? Jetzt habt ihr eine günstige Gelegenheit, diesen Gefahren zu entgehen, verlasset den Schauplatz des Bürgerkrieges und nehmet Besitz von jenen schönen und fruchtbaren Ländern." Da nun Viele, darunter auch Irländer, von Madok sich überreden liessen, so rüstete er jetzt zehn Schiffe aus und versah sie mit allem Nöthigen. Eine grosse Anzahl Menschen, welche des Bürgerkrieges übersatt waren, sagten ihrem Vaterlande „Lebewohl" und zogen mit Madok.

Dieser Bericht wurde in den alten Annalen von Wales in den Benediktinerabteien Conway und Strat Flur aufbewahrt. Diese Jahrbücher wurden benützt von Humphrey Llwyd in seiner Uebersetzung und Fortsetzung von Caradoc's Geschichte von Wales, welche Fortsetzung sich vom Jahre 1157 bis 1270 erstreckt. Die Auswanderung des Fürsten Madok wurde von mehreren Barden von Wales besungen, welche vor Columbus lebten. Richard Hakluit entlehnte seinen Bericht aus den Schriften des Barden Guttun Owen. Meredith, ein Sohn des Rhes, verfasste im Jahre 1477 ein Lied über das Unternehmen Madok's, welches hier folgt

a) in walischer Sprache:

Madoc wyf, mwyedic wedd,
Jawn genau, owyn Gwynedd:
Ni fymum dir, fy enaid oedd
Na da mawr, ond y moroedd.

b) dasselbe in englischer Sprache aus dem Jahre 1477:

Madoc j am the sonne of owen Gwynedd
With stature large, an comely grace adorned
No lands at home nor store of wealth me pleas,
My minde was whole to search to ocean seas.

c) dasselbe in deutscher Sprache:

Madok bin ich, des Owen Gwynedd Sohn,
Bin stark, hab' Muth, wie's freiem Mann geziemt;
Kein Gut zu Haus, noch's Land mir mehr gefällt,
D'rum zieh' ich aus und such' 'ne and're Welt.

Hakluit sagt im Anfange des dritten Bandes seiner Geschichte: Es ist glaublich, dass dieser Madok und seine Cambrier, welche er mit sich geführt hatte, irgend einen Theil des amerikanischen Continentes damals zuerst in Besitz genommen haben; auch möchte man keine geringe Andeutung in dem Umstande finden, dass man, wie Franz Lopez de Gomara berichtet, in Acuzamil (Cozumal) Indianer gefunden habe, welche das Kreuz verehrten; dasselbe ist der Fall in Jucatan (52).

Es ist anzunehmen, dass Madok nicht auf's Geradewohl und in's Ungewisse sich auf die hohe See wagte, um neues Land zu entdecken, sondern dass er Kenntniss hatte von den Entdeckungen der Scandinaven, oder doch seiner Nachbarn, der stammverwandten Irländer. Weiter oben wurde bereits bewiesen, dass ein Theil der Ostküste Amerika's im zehnten Jahrhundert den Namen Grossirland führte, Are Marson wurde daselbst getauft; Gudleiv traf daselbst den lange vermissten Björn von Breidviken und hörte die keltische Zunge erklingen, die ihm, der nicht blos Handelsreisen nach Dublin zu machen pflegte, sondern selbst mehrere Jahre in Irland zugebracht hatte, nicht fremd war, so dass man seinem Urtheile Glauben beimessen darf, wenn er sagt, die Eingebornen bedienten sich der irländischen Sprache.

Auch Madok und seine Leute sprachen die keltische oder gaelische Sprache; dieselbe Sprache, welche in ganz England bei den Briten, einem keltischen Volksstamme, im Gebrauche war, als Kaiser Claudius (41 bis 54 nach Christus) sammt seinen Feldherren Galba und Vespasian den südlichen Theil von Britannien eroberte, und die auch im Gebrauche blieb bis zum Einfalle der Angelsachsen in der Mitte des fünften Jahrhunderts; dieselbe Sprache, welche noch jetzt in Irland, in den Hochgebirgen von Schottland, in der englischen Provinz Wales, auf der Insel Man und in der Bretagne Frankreichs ertönt. Mit der Zeit jedoch trat zwischen dem Gaelischen von Wales und dem von Irland eine Veränderung ein, wie es auch bei anderen lebenden Sprachen der Fall ist.

Man vermuthet, dass Madok sich an den Küsten von Nord- oder Süd-Carolina niedergelassen habe und dass seine Colonie, die keinen weitern Nachzug aus Cambrien erhielt, nach und nach durch einen mächtigen Indianerstamm theilweise reduzirt und theilweise mit demselben vereiniget wurde. Im Beginne der englischen Colonisation dieser Gegenden fehlte es nicht an Berichten über Ueberbleibsel der Walesen des Madok und zwar selbst der gaelischen Sprache, die man bei den Indianern entdeckte. Den meisten dieser Nachrichten wurde damals wenig Aufmerksamkeit und Glauben geschenkt. Einer dieser Berichte, der nähere Würdigung verdient, mag jener des Hrn. Morgan Jones aus dem Jahre 1686 sein, den wir in einem Briefe über seine Erlebnisse unter den Tuscarora-Indianern finden. In diesem Berichte macht er folgende bemerkenswerthe Aussage: „Diese gegenwärtigen Zeilen versichern Jeden und Alle, dass im Jahre 1660, als ich in Virginia wohnte und Feld-Kaplan beim General-Major Bennet, von Mansoman County, war, der genannte General-Major Bennet und Sir William Berkeley zwei Schiffe nach Port Royal sandten, jetzt Süd-Carolina genannt, welches sechzig Leaguen südlich von Cap Fair liegt, und dass ich mitgeschickt wurde, um als Prediger zu dienen. Am 8. April verliessen wir Virginien und langten am 19. desselben Monats am Eingange des Hafens von Port Royal an, wo wir warteten, bis die übrigen Schiffe der Flotte ankamen, welche von den Barbadoes- und Bermuda-Inseln mit dem Hrn. West zu kommen hatte, welcher zum Vice-Gouverneur dieses Platzes ernannt war. Sobald die Flotte anlangte, segelten die kleineren Schiffe den Fluss hinauf bis zu einem Platze, der Austernspitze genannt wird; hier verweilte ich ungefähr acht Monate und verhungerte beinahe wegen Mangel an Lebensmitteln.

Ich und fünf andere Männer reisten jetzt durch die Wildniss, bis wir zum Lande Tuscarora kamen. Hier machten uns die Tuscarora-Indianer zu Gefangenen, weil wir ihnen sagten, wir gehen nach Roanock. Während der Nacht brachten sie uns in ihr Dorf und sperrten uns in einem sichern Orte ein zu unserm nicht geringen

Schrecken. Am folgenden Tage hielten sie eine Berathung über uns, und als dieses geschehen war, sagte ihr Dolmetscher zu uns, wir müssen uns vorbereiten, am nächsten Morgen zu sterben. Auf diese Nachricht hin sehr niedergeschlagen, sagte ich in walischer Sprache: Bin ich so vielen Gefahren entgangen, um jetzt wie ein Hund todtgeschlagen zu werden! Hierauf trat sogleich ein Indianer zu mir hin, welcher nachher als ein Kriegshäuptling erkannt wurde und der zum Häuptling der Doegs gehörte (der von den alten Briten (Kelten) abstammen muss), und hob mich an den Hüften auf und sagte mir in britischer (walischer) Sprache, ich sollte nicht sterben; hierauf begab er sich zum Kaiser von Tuscarora und verständigte sich mit ihm über mein Lösegeld und das der Männer, die mit mir waren.

Sie (die Doegs) hiessen uns dann willkommen in ihrer Stadt und bewirtheten uns sehr freundlich und herzlich vier Monate lang, während welcher Zeit ich Gelegenheit hatte, mit ihnen vertraulich in britischer (walischer) Sprache zu sprechen, und ich predigte zu ihnen in der nämlichen Sprache dreimal in der Woche; und sie redeten zu mir über irgend Etwas, was darin schwer zu verstehen war; und bei unserer Abreise versorgten sie uns im Ueberfluss mit Allem, was zu unserm Unterhalt und unserer Bequemlichkeit nothwendig war. Sie wohnen am Pontigo-Flusse, nicht weit vom Cap Atros. Dieses ist ein kurzer Bericht meiner Reisen unter den Doegs-Indianern.

Morgan Jones,

der Sohn des John Jones, von Basateg, bei Newport, in dem County Monmouth.

Ich bin bereit, irgend einen Walischen oder Andere in jene Gegend zu begleiten.

New-York, 10. März 1685—86.

Diese Tuscarora-Indianer waren von hellerer Hautfarbe als die andern Stämme; und dieser Unterschied war so auffallend, dass sie häufig die „weissen Indianer" genannt wurden.

Zweiundzwanzigstes Kapitel.

Die Scandinaven in Brasilien. — Ein Runenstein vom Jahre 1135 auf einer der Faueninseln westlich von Grönland. — Ruinen eines Klosters und von Kirchen in Grönland.

Manche Schriftsteller haben die Ansicht ausgesprochen, dass die Fahrten der Normannen sich bis nach Brasilien erstreckt haben. Wenn diese Annahme durch keine schriftliche Urkunde bewiesen werden kann, so ist sie doch nichts weniger als unwahrscheinlich. Denn es wäre eine barocke Vorstellung, wie Bastian in seinem Werke: „Das Beständige in den Menschenrassen", S. 127, sagt, zu glauben, dass diese ritterlichen Seehelden, die sich mit fränkischen und byzantinischen Kaisern schlugen und ihnen Königreiche abzwangen; denen das mittelländische Meer zu enge war und die früh nach den canarischen Inseln segelten, in Amerika, wo sie mit nackten Indianern zu kämpfen hatten, auf halbem Wege stehen geblieben und nicht weiter nach Süden gezogen wären, wo die üppige Vegetation ihren Entdeckungseifer um so mehr reizen musste. Dieses bestätigen überdies auch antiquarische Funde. Dr. Lund zu Lagoa Santa in Brasilien hat in der Gegend von Bahia eine zerbrochene Steinplatte mit Runenschrift gefunden, aus der er trotz ihrer Beschädigung einige isländische Worte entziffern konnte, und bei weiterem Nachgraben wurden Fundamente von Häusern gefunden, welche den im nördlichen Norwegen, in Island und im westlichen Grönland noch vorhandenen Ruinen ungemein gleichen.

Daraus wäre zu schliessen, dass die Normänner daselbst dauernde Niederlassungen gegründet haben.

Ein Runenstein westlich von Grönland aus dem Jahre 1135.

Rune heisst ein magischer Buchstabe, auch Geheimniss; letztere Bedeutung mag wohl von dem Umstande herzuleiten sein, dass ursprünglich nur Wenige mit dem Gebrauche dieser Schrift bekannt waren.

Die Runenschrift hatte eigenthümliche Charaktere, von denen einige: I, R, K, B, D, T, den griechischen und lateinischen ähnlich, andere ganz eigener Art sind, und scheint in der ältesten Zeit mehr die Form von Aesten und Zweigen gehabt zu haben. Auch wurden mehrere miteinander zu Einem Zeichen verschlungen oder an einem einzigen Stabe verbunden, ähnlich wie im lateinischen Æ. Sie bestand Anfangs, wie die altgriechische, nur aus sechszehn Buchstaben, denen später noch sechs andere zur Vervollständigung hinzugefügt wurden. Die Schrift wurde in Holz und Stein geschnitten oder geritzt, selten auf Pergament geschrieben und gewöhnlich von der Linken zur Rechten gelesen.

Die Zeit des Entstehens der Runenschrift ist noch ein Geheimniss. Gelehrte Scandinaven behaupten, dass ihr Volksstamm schon vor Christi Geburt Schriftsteller in gothischer Sprache besessen habe; Geschichtskennern jedoch ist nicht fremd, dass Ulfila (gestorben im Jahre 388) Bischof der Mäso-Gothen, das neue Testament in das Gothische übersetzte, und dass der Scandinave Ablabius, um das Jahr 560 römischer Senator, die Geschichte seiner Nation in zwölf Büchern in gothischer Sprache schrieb, wovon vierzehn Jahre später sein Landsmann Jornandes, Bischof von Ravenna, einen lateinischen Auszug verfasste.

Die alten Grönländer erforschten die Westküste ihres Landes vielleicht so weit gegen Norden, als sie auch heute bekannt ist. Beweis hievon ist Folgendes: Im Frühlinge des Jahres 1824 fand ein gewisser Grönländer, Namens Pelinut, auf der Insel Kingiktorsoak im 72° 55′ nördlicher Breite und im 56° 05′ westlicher Länge von Greenwich, vier Meilen gegen Nordwest von Upernivika, der nördlichsten dänischen Colonie, einen Runenstein. Nachdem der Finder diesen Stein englischen Fischern vergeblich zum Kaufe angeboten hatte, übergab er ihn dem dänischen Schiffskapitän Graah, der ihn nach Dänemark bringen liess. Dieser Runenstein erregte die grösste Wissbegierde unter den Alterthumsforschern. Eine genaue Zeichnung wurde sogleich abgenommen und an Dr. Gislius Brynjulvson, einen Priester an der Kirche zu Holum in Island, gesandt, denn dieser Mann war berühmt unter Literaten und Alterthumsfreunden wegen seines Periculum Runologicum, und er fand noch Zeit vor seinem frühen Tode, über diese Inschrift Auf-

schluss zu geben. Unterdessen aber hatten auch zwei
Runologen aus Kopenhagen, nämlich M. Rask und Finn
Magnusen, die Inschrift erklärt. Da nun beide Lese-
arten, deren eine zu Kopenhagen und die andere auf
Island zu gleicher Zeit erklärt wurden, übereinstimmten,
so erregte dieses Ereigniss allgemeine Bewunderung;
die Lösungen wurden in die noch ungedruckten Anti-
quariske Annaler Vol. IV. p. 309 eingetragen.

Dieser Runenstein ist von grünlicher Farbe und
seine Oberfläche scheint durch einen andern Stein mit
Sand abgeschliffen zu sein. Der Inhalt ist folgender:

„Erling, Sohn des Sighvat, und Bjarn, Sohn des
Thord, und Eindridi, Sohn des Odd, haben am Samstage
vor dem Siegestage diese Säulen errichtet und gereiniget
im Jahre 1135."

Der Siegestag wurde am 21. April gefeiert. Nach
dem chronologischen Handkalender von Steinbeck Seite 33
fällt der 20. April des Jahres 1135 wirklich auf einen
Samstag.

Ruinen eines Klosters und von Kirchen in Grönland.

Ganz im Hintergrunde der Bucht von Igalikoe,
an demselben Platze, wo ein Runenstein gefunden wurde,
befanden sich, gemäss dem Berichte des Kapitän Graah,
Gebäulichkeiten von einer Länge von einhundertundzwanzig Fuss und einer Breite von einhundert Fuss,
errichtet aus Steinen von merkwürdiger Grösse; die Höhe
der Mauern jedoch reicht nur selten über sechs Fuss,
obgleich sie von solcher Dicke sind, dass man glauben
möchte, sie müssten eine Ewigkeit dauern. — Wahrscheinlich war hier ein Kloster oder der Bischofssitz.
Die Kirche, genannt Kakortoki, ist unter den Gebäuden

an der ganzen Küste am besten erhalten. Aus der Construction und Bauart dieses Gebäudes kann man ohne Zweifel auf alle übrigen Gebäude Grönlands, die aus jener Zeit stammen, schliessen. Diese Bauart zeichnet sich sowohl durch Eleganz, als auch durch Einfachheit aus. Die einzelnen Steine wurden mit Auswahl und Sorgfalt im Innern des Gebäudes je einer nach der Länge und der andere nach der Breite der Mauer gelegt; an der Aussenseite der Mauer aber kann man keine Spur von Verbindung entdecken, nicht einmal Mörtel oder Kitt; inwendig hingegen findet sich hie und da zwischen den Fugen eine harte weisse Masse. Jene Seite der Kirche, welche gegen Mittag dem Meere zusieht, hat vier Oeffnungen für Fenster und zwei Thüren, von denen die eine, welche mehr gegen Osten ist, beinahe um zwei und einen halben Fuss niedriger ist, als die andere; wahrscheinlich war die eine für die Kirchendiener und die andere für die Gemeinde bestimmt. Aber diese Ungleichheit des Verhältnisses fällt nicht viel in die Augen, weil die obere Schwelle beider Thüren mit einem Gesimse in gerader Linie laufen, so dass man es nur beim Eintreten bemerkt. An der Nordseite zeigt sich nur ein Fenster, weil die Mauer an der Stelle, wo das andere Fenster der Symmetrie wegen hätte sein müssen, eingestürzt ist. Der Haupteingang war von der Westseite; über demselben befindet sich ein sehr grosses Fenster; an der östlichen Mauer ist in derselben Höhe eine künstlich gewölbte Fenster-Oeffnung .... Dieses merkwürdige Gebäude, welches in jeder Beziehung nicht minder auf die Oeffentlichkeit als den Geschmack der Erbauer schliessen lässt, misst in der Länge einundfünfzig Fuss, in der Breite fünfundzwanzig Fuss, die Dicke der nördlichen und südlichen

Mauer beträgt mehr als vier Fuss, die Höhe wechselt von dreizehn bis sieben Fuss; die Dicke der westlichen und östlichen Mauer ist beinahe fünf Fuss; die Höhe der östlichen Mauer, welche im Jahre 1777 noch zweiundzwanzig Fuss war, ist heute nur mehr achtzehn Fuss und drei Zoll, die Höhe der westlichen Mauer ungefähr sechszehn Fuss. Der Haupteingang ist drei und einen halben Fuss weit und sechs und einen halben Fuss hoch; darüber ist ein Stein eingesetzt von zwölf Fuss Länge, fünfundzwanzig Zoll Breite und sieben bis acht Zoll Dicke . . . . Das gewölbte Fenster ist an der Aussenseite drei Fuss und neun Zoll hoch, zwei Fuss und einen halben Zoll weit; inwendig ist es fünf Fuss und vier Zoll hoch und vier Fuss und vier Zoll weit. Das Fenster an der entgegengesetzten Seite in der nordwestlichen Mauer ist an der Aussenseite drei Fuss und anderthalb Zoll hoch, einen Fuss und drei Zoll weit; an der Hauptfront sind vier Fenster, welche ebenso wie das eine an der nördlichen Mauer von der Aussenseite zwei Fuss und eilf Zoll hoch, einen Fuss und vier Zoll breit sind, von Innen aber vier Fuss und vier Zoll hoch und vier Fuss und vier Zoll weit sind. Das ganze Gebäude war einst in einer Entfernung von fünfzig bis sechzig Fuss von einer Mauer umgeben, welche jedoch jetzt eingestürzt ist.

Dreiundzwanzigstes Kapitel.

Entdeckungsreise in die arktischen Gegenden im Jahre 1266. — Wiederholte Reisen nach Markland im vierzehnten Jahrhundert.

Ein vom Priester Halldor an einen andern Geistlichen, Namens Arnold, geschriebener Brief enthält den Reisebericht einer Entdeckungsreise in die arktischen Gegenden im Jahre 1266. Dieser Arnold, früher ebenfalls in Grönland angestellt, war Hofkaplan bei Magnus VI. Lababanter, König von Norwegen (53). An der Spitze des Unternehmens standen einige Priester von Gardar. Ein zur beabsichtigten Expedition geeignetes Schiff zu erhalten, konnte den Unternehmern wenig Schwierigkeit bereiten; denn damals, wie die Chronik sagt, besass jeder wohlhabende Mann in Grönland ein „grosses Schiff", welches nicht blos zum Fischfange, sondern auch zur Jagd auf Seehunde und Eisbären brauchbar war. (Der Ausdruck „grosses Schiff" ist jedoch relativ zu nehmen, da selbst das grösste Schiff des Columbus bei seiner ersten Fahrt nach Amerika nur einhundert Tonnen Gehalt hatte.) Die im hohen Norden gelegenen Gegenden, welche zu besuchen und näher auszukundschaften sie auszogen, wurden „Nordsetur" genannt. Ihre Hauptstationen waren Greipar und Kroksfjardaheidi; ein Wort, zusammengesetzt aus Krokr = gegen Norden gelegen, fjardar oder fjördr = Bucht, und heidi = öde Berge. Man nimmt an, dass die erste dieser Stationen gerade südlich von der Insel Disko war, welche im siebzigsten Grade nördlicher Breite liegt. Ueber die geographische Lage der zweiten Station steht wenigstens so viel fest, dass sie nördlich von jener lag und den grönländischen Fischern als Sommerquartier (setur) diente. Diesen Platz pflegten sie somit regelmässig zu besuchen. Deshalb konnten unsere Kundschafter erst auf einer von Kroksfjardaheidi weiter gegen Norden fortgesetzten Reise den Zweck ihres Unternehmens erreichen, welcher laut des Reiseberichtes kein anderer war, als Gegenden auszukundschaften, die von den schon bekannten und bisher besuchten weiter nördlich lagen. Sie verliessen nun Kroksfjardaheidi, segelten gegen Norden und erhielten einen für sie günstigen Südwind. Bald geriethen sie aber in dichte Nebel, welche sie nöthigten, das Schiff vor dem Winde gehen zu lassen. Als das Wetter sich wieder aufheiterte, erblickten sie viele Inseln und verschiedene Art von Beute, als Seehunde, Wallfische und sehr viele Bären. Sie drangen ganz in den Golf hinein und hatten Eisberge selbst gegen Süden, so weit das Auge reichen konnte.

Sie entdeckten Spuren, welche anzeigten, dass Skrällinge in früheren Zeiten diese Gegenden bewohnt hatten; wegen der Eisbären konnten sie aber nicht landen. Alsdann wendeten sie um und segelten drei Tage lang zurück, da entdeckten sie wieder Spuren, dass die Skrällinge auf einigen Inseln waren, welche südlich von dem Berge lagen, den sie Sniofell nannten. Nach diesem, es war am St. Jakobstage, fuhren sie weiter gegen Süden und ruderten emsig den ganzen Tag. Während der Nacht gefror es in diesen Gegenden, aber die Sonne war bei Tag wie bei Nacht über dem Horizont, und als sie in den Meridian am Süden trat, war sie nicht höher, als dass der durch jene Seite des Schiffes gebildete Schatten, die der Sonne zunächst war, das Gesicht eines auf dem Boden eines Sechsruderbootes nach der Quere ausgestreckt liegenden Mannes erreichte; um Mitternacht hingegen stand die Sonne so hoch, als wie sie im Nordwesten der Grönländer-Colonie ist (wenn sie am höchsten steht). Hierauf segelten sie wieder zurück in ihre Heimath nach Gardar.

Erklärung.

Kroksfjardaheidi wurde, wie oben bemerkt, von den Grönländern schon früher regelmässig besucht. Der Name deutet an, dass die Bucht von öden Höhen eingeschlossen war, und die gegebene Reisebeschreibung zeigt, dass es ein Seearm von beträchtlicher Ausdehnung war, so dass darin und durch dieselbe Raum war für mehrere Tagereisen. So wird unter Anderm angegeben, dass sie aus diesem Seearme in eine andere See hinaussegelten, dass sie ganz in einen Golf hineindrangen und dass ihre Rückreise mehrere Tage in Anspruch nahm.

Von den beiden hier erwähnten Beobachtungen, die

am Feste des heiligen Jakob genommen wurden, führt
die erste zu keinem sichern Schlusse, weil wir keine
zuverlässigen Mittel haben, um die Tiefe des Schiffes zu
bestimmen oder vielmehr, um die relative Position des
Mannes, der auf dem Boden des Schiffes lag, zu erklären im Verhältnisse zur Höhe der Seite des Schiffes,
wodurch wir in den Stand gesetzt würden, den Winkel,
welchen der obere Rand der Schiffsseite und das Gesicht
des Mannes bildeten, abzuleiten, welches dann auch der
Winkel wäre, um die Höhe der Sonne zu Mittag am
St. Jakobstage, d. i. am 25. Juli, zu messen.

Nehmen wir an, wie wir mit Wahrscheinlichkeit
thun dürfen, dass die Höhe etwas weniger als dreiund-
dreissig Grade oder doch nahe bei diesem Masse war, denn
die Höhe der Mittagssonne ist in folgenden Breitengraden:

im 76° —′ nördlich vom Aequator = 31° 54′,
„ 75° 30′ „ „ „ = 32° 24′,
„ 75° —′ „ „ „ = 32° 54′,
„ 74° 30′ „ „ „ = 33° 24′,
„ 74° —′ „ „ „ = 33° 54′,

so muss der Platz des Schiffes nahe beim fünfundsieb-
zigsten Grad nördlicher Breite gewesen sein. Es ist
keine Wahrscheinlichkeit für die Annahme eines grösseren Winkels vorhanden und folglich auch nicht für die
Annahme eines südlicheren Ortes.

Mehr befriedigend ist hingegen das Resultat der
andern Beobachtung:

Im dreizehnten Jahrhundert war am 25. Juli
die Declination der Sonne . . . 17° 54′,
die Inclination der Ecliptik . . . 23° 32′.

Wenn wir nun annehmen, dass die Colonie und vorzüglich der Bischofssitz von Gardar auf der Nordseite
von Igalikofirth gelegen war, wo noch jetzt Ruinen von

einer grossen Kirche und vielen andern Gebäuden den Sitz einer Hauptniederlassung aus jener Zeit anzeigen, folglich also im 60° 55′ nördlicher Breite ihre Lage gehabt habe; wenn wir ferner annehmen, dass zur Zeit der Sommersonnenwende die Höhe der Sonne daselbst, wenn sie in Nordwest stand, = 3° 40′ war, also gleichbedeutend mit der Mitternachtshöhe der Sonne am St. Jakobstage in der Parallele von 75° 46′, welche ein wenig nördlich von Barrow'sstrasse fällt, da sie in der nämlichen Breite mit dem Wellington-Kanal, oder doch ganz an dessen Nordseite sich befindet, so folgt daraus, dass diese Beobachtung, obgleich sie der mathematischen Genauigkeit entbehrt, dennoch die richtige Lage der genannten Orte bezeichnet, und dass diese unsicher scheinenden Berechnungen dennoch mit der wirklichen und jetzt wohlbekannten geographischen Lage der gegebenen Orte zusammentreffen.

Diese Aufgabe lässt sich auch noch auf folgende Weise lösen: Am Jakobitag, den 25. Juli 1266, befanden sich unsere Reisenden auf einer Stelle, wo die Sonne zur Mitternachtsstunde über dem Horizonte stand. Sie konnte aber um diese Stunde nirgends über dem Horizonte stehen, als in einer vom 72° 06′ noch weiter nördlich gelegenen Gegend. Der Beweis hiefür ist leicht. Am bezeichneten Tage betrug die nördliche Declination der Sonne 17° 54′. Zu bemerken ist, dass im dreizehnten Jahrhundert sowohl die Declination der Sonne, als auch die Inclination der Ecliptik um ein Kleines von der heutigen differirte. Steht aber die Sonne 17° 54′ nördlich vom Aequator, so geht sie innerhalb und nur innerhalb eines Kreises, der 17° 54′ vom Pole entfernt (parallel mit dem Aequator) gezogen wird, nicht unter. Ein Ort, wo die Sonne nicht untergeht, muss somit innerhalb dieses Kreises liegen, d. i. höchstens 17° 54′ vom Pole entfernt oder wenigstens 72° 06′ vom Aequator entfernt liegen. Somit war 72° 06′ das Minimum der nördlichen Breite jener Stelle, wo die erwähnte Beobachtung am 25. Juli 1266 gemacht worden ist. Der Reisebericht weist uns aber keineswegs auf dieses Minimum an, er nöthigt uns vielmehr, einen höheren Breitegrad anzunehmen. Denn es heisst darin nicht, die Sonne habe zur Mitternachtsstunde den Horizont berührt, was der Fall hätte sein müssen, wären die Beobachtungen wirklich unter dem bezeichneten Breitegrad aufgenommen worden. Der gegebene Bericht lautet: „Die Sonne war um Mitternacht so hoch, als wie sie im Nordwesten der Grönländer-Colonie ist." — Um überhaupt einen etwas merklichen Höhestand der Sonne über dem Horizont zu erhalten, müssen wir drei bis vier Grade ansetzen. Die Zahl dieser Grade muss, wie aus dem Vorhergehenden zu ersehen ist, zu jenen 72° 06′ addirt werden, somit erhalten wir ungefähr den Breitegrad der betreffenden Stelle. Das Ergebniss hievon ist demnach 75° 36′. Diese drei ein halb Grade sind keineswegs willkürlich angesetzt, denn um von der Sonne sagen zu können, dass sie in irgend einer Vergleichung hoch stehe, ist immerhin eine kleine Zahl von den Graden für den Höhestand der Sonne über dem Horizont erforderlich. Im andern Falle würde sich Jedermann am Bestimmtesten wohl so ausdrücken: die Sonne streifte am Horizont, sie berührte den Horizont u. s. w.

Der am weitesten gegen Norden gelegene, von unsern Kundschaftern erreichte Punkt ist aber nicht jener, wo die angegebene Beobachtung angestellt wurde. Sie hatten sich vier Tage zuvor schon von Norden gegen Süden gewendet und waren somit vier Tagereisen weit nördlich vom 75° 46′ gekommen.

Entdeckungsreise isländischer Priester im Jahre 1285.

Das nächste hier einschlägige Ereigniss ist eine von den isländischen Priestern Adalbrand und Thorwald Helgason, zwei Brüdern, gemachte Entdeckungsreise. Die Nachrichten über diese Reise, welche von Zeitgenossen niedergeschrieben wurden, enthalten jedoch nur den kurzen Bericht, dass im Jahre 1285 die obenerwähnten Geistlichen ein neues Land gegen Westen von Island (Fundunyjaland) entdeckten. Einige Jahre darnach liess der König Eirich, der Priesterhasser, durch den Priester Rolf, der davon den Namen Landa-Rolf, d. i. Landsucher, erhielt, eine Reise nach diesem Lande, welches man für Neufundland hält, unternehmen. Rafn glaubt, dass die Entdeckung dieser beiden Priester in den gleich darauf genannten Inseln Dunejar zu finden sei, welche diesen Namen wegen der grossen Menge weicher Federn erhielten, welche man dort gefunden hat. Die Erfolge der Sendung Rolf's sind nicht bekannt geworden, da aber der Abgesandte den Namen Landa-Rolf oder Erforscher der Länder erhielt, so möchte dieser Umstand darauf hindeuten, dass er dem Zwecke seiner Sendung entsprochen habe. Haben die Entdeckungen der Scandinaven in den geographischen Kenntnissen der späteren Zeit sich wenigstens theilweise erhalten, dann dürften auch die Karten des fünfzehnten Jahrhunderts für die Entdeckungen des Priesters Rolf vom Jahre 1288 wenigstens eine Spur nachweisen, indem sie im Westen der Insel Antilia eine Insel Royllo anführen, deren Benennung als der romanisirte Ausdruck für Rolf angenommen werden kann.

Eine Reise nach Markland im Jahre 1347.

Ein anderer Bericht in Betreff Amerika's, welchen die alten Manuscripte aufbewahrt haben, bezieht sich auf eine Reise, welche im Jahre 1347 von Grönland nach Markland gemacht wurde. Das Schiff hatte siebzehn Matrosen an Bord, und der Zweck ihrer Reise war allem Anscheine nach, um Bauholz und anderes Brauchbare zu holen. Auf der Rückreise von Markland gerieth das Schiff in einen Sturm, verlor den Weg und wurde mit Verlurst der Anker an die Westküste von Island getrieben, wo es in den Hafen von Straumfjord einlief. Aus diesen spärlichen Berichten, welche ein Zeitgenosse neun Jahre nach dem Ereignisse niederschrieb, möchte man schliessen, dass zwischen Grönland und dem übrigen Amerika bis zum oben genannten Jahre ein Verkehr aufrecht gehalten wurde, denn es wird ausdrücklich gesagt, dass das Schiff nach Markland segelte, welches hiemit als ein in jenen Tagen noch immer bekanntes und besuchtes Land bezeichnet und mit Namen genannt wird.

Vierundzwanzigstes Kapitel.

Reisen und Abenteuer der Gebrüder Nikolaus und Markus Antonius Zeno aus Venedig. — Mönche erfinden Dampfheizung im vierzehnten Jahrhundert.

Im Jahre des Heils 1200 genoss in der Stadt Venedig ein gewisser Marinus Zeno ein bedeutendes Ansehen, sowohl wegen seiner vorzüglichen Tugenden, als auch wegen seiner Geistesgaben. Berufen zur Präfektur über einige öffentliche Geschäfte in Italien, verwaltete er dieselben auf solche Weise, dass auch jene, die ihn noch nie von Angesicht gesehen hatten, seinen Namen dennoch nur mit Liebe und Ehrfurcht nannten. Unter seine vorzüglichsten Thaten wird gerechnet, dass er die Zwistigkeiten, welche zwischen den Veroneser Bürgern entstanden waren und schon kriegerische Ausbrüche erwarten liessen, durch seine ausserordentliche Bemühung und seine guten

Rathschläge glücklich beigelegt hat. Er war auch der erste Präfekt von Constantinopel im Namen der Venetianischen Republik, im Jahre des Herrn 1205, zu welcher Zeit nämlich jenes Reich die Herrschaft der Gallier und Venetianer anerkannte. Dieser Marinus Zeno hatte einen Sohn, Namens Petrus Reyner, welcher der Vater eines Herzoges oder Dogen von Venedig wurde; da dieser Doge keinen männlichen Erben hatte, setzte er den Andreas, einen Sohn seines Bruders Markus, an Kindesstatt. Andreas hatte einen Sohn, mit Namen Reiner, der ein berühmter Senator wurde und dessen Sohn Petrus im Kriege gegen die Türken den Oberbefehl des christlichen Heeres, das Venedig zum Kreuzzuge schickte, inne hatte; diesem wurde der Name „Drache" beigegeben, weil er für sein Familienwappen das Bildniss eines Drachen anstatt eines andern Thieres gewählt hatte. Sein Sohn hiess Magnus und war berühmt als Procurator und als Befehlshaber des Heeres in den sehr gefahrvollen Kriegen, welche in jener Zeit gegen die Genueser geführt wurden.

Mehrere Fürsten Europa's bekämpften die Freiheit und Herrschaft Venedigs; er aber befreite, gleichwie einst Camillus Rom, durch seine Tapferkeit sein Vaterland von der drohenden Gefahr, so dass es nicht eine Beute seiner Feinde wurde; deshalb verdiente er sich auch den Zunamen „der Löwe", welches Thier er dann zum ewigen Andenken an seine historischen Thaten in sein Schild eingegraben trug. Seine Söhne waren die drei Brüder: **Karl, Nikolaus** der goldene Ritter, und **Antonius**. Unter diesen war Ritter Nikolaus ein Mann von frischem Muthe und hohen Ideen; er hatte ein ausserordentliches Verlangen zu reisen und die Welt zu sehen, um die Sitten der verschiedenen Völker zu beobachten und ihre Sprachen zu erlernen, damit er dann, sobald sich Gelegenheit darböte, seinem Vaterlande sich desto nützlicher erweisen, für sich selbst aber Ehre und einen grossen Namen erwerben könnte. Deshalb rüstete er aus seinem eigenen sehr beträchtlichen Vermögen ein Schiff aus, segelte durch das mittelländische Meer, passirte den Engpass des Herkules und fuhr einige Tage in den offenen Ocean hinaus, nahm aber seinen Curs beständig nach Norden. Seine Absicht war, England und Belgien zu besuchen; allein da ein sehr heftiger Sturm entstand, wurde er viele Tage lang von Winden und Wogen dahin getrieben, so dass er ganz und gar nicht mehr wusste, wo er sich befinde, bis er endlich in der Ferne Land erblickte. Dem wüthenden Sturme konnte er aber mit seinem Fahrzeuge nicht mehr länger Widerstand leisten und litt daher an der Küste der Insel Friesland Schiffbruch, rettete jedoch zum grössten Theile seine Mannschaft und seine Waaren. Dieses ereignete sich im Jahre des Herrn 1380. Als die Insulaner das gestrandete Schiff erblickten, eilten sie in grosser Anzahl nach dem Ufer und näherten sich unserm Nikolaus und seinen Genossen mit bewaffneter Hand, so dass diese, die bereits durch den überstandenen Sturm und die übrigen Beschwerden des Seelebens halb aufgerieben waren und nicht wussten, in welchem Lande der Welt sie sich befänden, sich auch auf keine geringen Leiden und Gefahren, die ihnen von einem so überlegenen Feinde drohten, gefasst machten. Schon erwarteten sie nichts Anderes mehr als den Tod; da kam zum guten Glücke eben der Fürst, begleitet von bewaffneter Mannschaft, in die Nähe; er hörte von dem Ereignisse des Schiffbruches und von dem entstandenen Aufruhre gegen die verunglückten Seeleute. Sogleich eilte er an die Küste und jagte die Insulaner in die

Flucht; darauf redete er die Schiffbrüchigen, weil sie
die Landessprache nicht verstehen konnten, in lateinischer
Sprache an, und fragte sie, woher sie kämen. Als er
vernahm, dass sie Italiener seien und aus Italien dahin
verschlagen worden seien, zeigte er sich sehr zufrieden
und versicherte sie, dass ihnen kein Leid geschehen
werde, sondern sie sollen auf sein Wort und unter seinem
Schutze gut behandelt und von Allen geachtet werden.
Dieser Mann war ein mächtiger Fürst, denn er besass
auch noch einige benachbarte Inseln, welche Portland genannt wurden und die von Friesland gegen Mittag lagen;
sie waren sehr reich und dabei dicht bevölkert. Der
Name des Fürsten war Zechinn; ausser den genannten
Inseln war er auch Regent über das Herzogthum Soran,
das gegen Schottland zu liegt. War Zechinn mächtig
und reich an Besitzungen, so war er auch kriegerisch
und unternehmend, vorzüglich zur See. Als er im vorigen
Jahre einen Sieg über den König von Norwegen, der damals Herr der Insel war, davongetragen hatte, entbrannte
er von Begierde sich noch einen berühmteren Namen, als
er bereits hatte, durch die Waffen des Krieges zu erwerben, und liess sich herbei mit seinem Heere Friesland, eine Insel, die viel grösser ist als selbst Irland,
seiner Herrschaft zu unterwerfen. Als er daher die Beobachtung machte, dass Nikolaus ein kluger Mann sei,
der sowohl in der Schifffahrt sowie auch im Waffen-
dienste sehr erfahren sei, wollte er, dass derselbe sich
mit allen seinen Leuten der Flotte anschliesse, und er
gab dem Befehlshaber der Flotte den Auftrag, ihn mit
Ehre zu behandeln und in jeder Angelegenheit sich dessen
Rathes zu bedienen, da er durch lange Uebung im See-
wesen und Waffendienst sehr viel gelernt habe. Die Flotte
bestand aus dreizehn Schiffen, nämlich aus zwei langen

Ruderschiffen und eilf Segelschiffen, von denen eines alle übrigen an Grösse übertraf. Hierauf segelten sie gegen Westen und bemächtigten sich ohne viele Mühe der Inseln Ledova, Ilosa und einiger anderer Inseln kleiner Volksstämme, dann wandten sie ihren Curs und liefen in die Bucht, Sudera genannt, ein, wo sie in dem Hafen der Stadt Sanestola einige Schiffe wegnahmen, die mit gesalzenen Fischen beladen waren. Nachdem Zechinn, der mit seinem Kriegsheere das ganze Land unterworfen hatte, hier zu ihnen gestossen war, verweilten sie nicht lange, sie hoben die Anker, segelten gegen Norden und liefen bei einem anderen Vorgebirg in eine Bucht ein. Auch diese überwältigten sie und eröffneten den Weg zu neuen Inseln und Ländern, welche sie alle der Herrschaft des Zechinn unterwarfen. Das übrige Meer, welches sie durchschifften, ist so sehr mit Sandbänken und Klippen besäet, dass nach dem Urtheile Aller, die auf den Schiffen sich befanden, die ganze Flotte zu Grunde gegangen wäre, wenn sie ohne den Nikolaus gewesen wären und ohne dessen Piloten und Genossen, die als Venetianer gleichsam geborne Seeleute sind und in der Schifffahrtskunst aufwachsen und alt werden, wie man sagt.

Hierauf wollte der Befehlshaber der Flotte auf den Rath des Nikolaus einen Angriff auf eine Stadt machen, welche Bondendono genannt wird, um dadurch den Erfolg der Kriege des Zechinn desto sicherer zu machen, da er wohl verstand, dass es ihm das grösste Vergnügen gewährte; ein grosses Treffen zu liefern und das feindliche Heer in die Flucht zu schlagen. Nachdem der Sieg errungen war, schickte die ganze Insel Abgesandte an ihn und nahm die Gesetze der Oberherrschaft an. Hierauf kehrten sie nach Friesland zurück, gegen Südsüdost, in die Hauptstadt. Von hier aus schrieb er einen glänzenden Brief über seine Lage an seinen Bruder Markus Antonius und lud ihn ein, zu ihm zu kommen. Da dieser nicht weniger, als sein Bruder Nikolaus, begierig war, die Welt zu sehen, und weil auch er fremde Völker besuchen und sich Ruhm und Ehre erwerben wollte, so kaufte er sich ein Schiff und begab sich damit auf die Reise, seinen Bruder zu suchen. Nachdem er viele und grosse Gefahren überstanden hatte, gelangte er endlich nach Friesland, wo ihn sein Bruder Nikolaus mit grösster Freude empfing. Markus Antonius schlug nun hier seinen Wohnsitz auf und verlebte vierzehn Jahre auf der Insel, vier Jahre noch mit Nikolaus. Beide erfreuten sich der besonderen Gunst des Fürsten, so zwar, dass er dem Nikolaus den Oberbefehl über die Flotte übergab. Sie gingen nun daran, Estland, welches zwischen Friesland und Norwegen liegt, zu belagern, dem sie sehr grossen Schaden beibrachten. Als sie aber hörten, dass der König von Norwegen mit einer grossen Flotte heranziehe, um sie von diesem Kriege abzuhalten, lichteten sie die Anker. Unterdessen erhob sich ein fürchterlicher Sturm, der sie an gewisse Sandbänke trieb, so dass sie einen grossen Theil ihrer Schiffe verloren, die übrigen wurden auf Grisland, eine grosse, aber unbewohnte Insel getrieben und litten Schiffbruch; auch die norwegische Flotte wurde in demselben Sturme verschlagen und zerstreut. Als Zechinn durch ein feindliches Schiff, das zufällig durch den Sturm nach Grisland verschlagen war, über dies Ereigniss Bericht erhielt, stellte er seine Flotte wieder her, und da er glaubte, er sei nicht weit von den isländischen Inseln entfernt, beschloss er, Island, das den Norwegern unterworfen war, zu überfallen; allein er fand es so wohl befestiget und vertheidiget, dass er, da seine Flotte ohnedies weder mit Mannschaft, noch

mit Waffen genügend ausgerüstet war, sich gezwungen
sah, vom Unternehmen abzustehen und unverrichteter
Dinge heimzuziehen. Jedoch nahm er die isländischen
Inseln in jenen Meerengen, sieben an der Zahl, nämlich:
Talas, Braas, Iscant, Trans, Mimant, Damberca und
Bressa; auf Bressa errichtete er eine Festung, die er
unter den Befehl des Nikolaus stellte. Von Mannschaft,
Schiffen und Kriegsbedarf liess er hier so viel als nöthig
war, er selbst aber kehrte glücklich nach Friesland zurück.
Nikolaus, der nun in Bressa sich befand, beschloss
auf's Neue, zur See zu gehen, um neue Länder zu suchen.
Deshalb rüstete er drei nicht zu grosse Schiffe aus,
segelte im Monat Juli gegen Norden und gelangte nach
Engroveland, wo er ein Kloster des Predigerordens
und eine dem heiligen Thomas geweihte Kirche am Fusse
eines Berges fand, der ein feuerspeiender Berg war, wie
der Vesuv oder Aetna. Daselbst befindet sich eine heisse
Quelle, womit die Klosterkirche und die Zellen der Brüder
geheizt werden und die auch in der Küche solche
Hitze entwickelt, dass sie allein ohne Anwendung eines
andern Feuers zum Kochen genügt. Die Brüder sind
darin so erfahren, dass sie selbst den Backofen für das
Brod durch den Dampf des heissen Wassers zu beizen
verstehen. Ausserdem leiten sie das heisse Wasser auch
in die Gärten, welche sie im Winter theilweise bedecken,
und ziehen auf diese Weise durch die Wärme des Dampfes
selbst beim kältesten Klima Blumen, Früchte und Gemüse,
die sonst nur in südlicheren Ländern gedeihen. Daher
kommt es, dass die Barbaren und ungebildeten Menschen,
welche diese Wirkungen für übernatürlich halten, die
grösste Achtung und Verehrung gegen die Mönche an
den Tag legen.

Wenn im Winter Alles in Schnee und Eis gehüllt

ist, temperiren und erwärmen die Mönche ihre Zellen, indem sie das Wasser der heissen Quellen durch Röhren in dieselben leiten. In ihren Werkstätten gebrauchen sie keinen andern Stoff als den, welchen der feuerspeiende Berg auswirft. Glühende Steine fliegen wie Asche aus dem Krater des Vulkanes; diese, wenn sie noch glühen, begiessen die Mönche mit Wasser, wodurch es geschieht, dass sie flüssig werden und in sehr weissen und zähen Kitt oder Kalk sich verwandeln, der sich gut aufbewahren lässt. Diese Asche (Lava), sobald sie erkaltet ist, vertritt die Stelle der Steine, aus welcher Mauern und Gewölbe errichtet werden; diese Steine sind so hart, dass sie nur mit eisernen Werkzeugen bearbeitet werden können. Mit Leichtigkeit setzen sie Bögen und Gewölbe aus diesen Steinen zusammen, die keiner andern Stütze bedürfen; die Mauern bleiben immer schön und unverletzt. Die Mönche liessen diese ungewöhnlichen Vortheile nicht unbenützt, sondern führten so grosse und schöne Gebäulichkeiten und Umfangsmauern auf, dass der Besucher bei deren Anblick nur staunen muss. Selbst mehrere der Dächer sind auf diese Weise vom nämlichen Materiale construirt, indem die Mauern sich auf eine gewisse Höhe senkrecht erheben und dann in einem Gewölbe das Ganze zuschliessen. Der Winter währt hier neun Monate. Fische und Wild bilden die Nahrungsquellen der Bewohner. Hier befindet sich auch ein bequemer Hafen, in welchem das Wasser wegen des Zuflusses der heissen Quellen nicht zufriert, weshalb sich auch stets eine solche Menge von Seevögeln jeder Art hier aufhält, dass die Leute fast jeden Tag eine grosse Anzahl derselben mit Leichtigkeit fangen. Die Häuser der übrigen Bewohner ziehen sich längs des Berges hin, sind gewöhnlich rund gebaut, haben an der Basis ungefähr fünfundzwanzig Fuss im Durchmesser und schliessen sich nach oben gewölbeartig oder kegelförmig zu, wo jedoch noch eine Oeffnung für Luft und Licht gelassen ist; der Boden ist von unten herauf so warm, dass man im Hause keine Kälte fühlt. Während des Sommers hindurch landen hier öfters Schiffe aus Drontheim, sowie aus den benachbarten Inseln. Diese Schiffe bringen den Mönchen die nöthigen Waaren und nehmen dafür Pelzwerk von wilden Thieren und getrocknete Fische in den Tausch. Die Waaren, welche sie bringen, bestehen gewöhnlich in Tüchern für Kleider, in Getreide und Holz. Auch Ordensbrüder kommen öfters dahin aus Norwegen, Schweden und andern Ländern der Erde, die meisten jedoch aus Island. Im Hafen befinden sich stets viele Schiffe, welche, wenn das Meer gefroren ist, die Anker nicht lichten können.

Die Fischerboote sind ähnlich einem Weberschiffchen; sie sind aus Fischhäuten verfertigt und mit Fischbein zusammengenäht; sie sind der Art, dass der Fischer bei schlechtem Wetter im Boote sich befestigen und dem Wind und Meer ohne Furcht sich aussetzen kann, denn sie können viele Stösse aushalten, ohne beschädigt zu werden. Auf dem Boden des Bootes ist eine Art von Aermel in der Mitte fest gebunden; und wenn Wasser in das Boot geräth, so bringen sie es in die eine Hälfte des Aermels, schliessen es oben mittelst zwei Holzstücken und lösen das Band unten auf, so dass das Wasser ausläuft.

Die Mönche erfreuen sich ausserordentlicher Vortheile und Bequemlichkeiten vom benachbarten Vulkan und den heissen Quellen. Fleissige und geschickte Mitglieder, welche diese Vortheile zu benützen verstehen, fehlen nie. Sie betreiben mit Eifer und Geschick verschiedene Künste und Handwerke. Die Mönche benehmen sich grossmüthig gegen die Arbeiter und gegen jene, welche Früchte und Samen zu ihnen bringen, weshalb auch viele sich dahin begeben. Viele der Mönche, vorzüglich die Obern, bedienen sich der lateinischen Sprache.

Dieses ist es, was uns über Engroveland bekannt wurde, über welches Land Nikolaus dieses Alles berichtet, namentlich über die Küste, welche er selbst entdeckt hat, wie in der von mir gezeichneten Karte zu sehen ist. Da er nicht im Stande war, die grimmige Kälte dieser Gegend zu ertragen und in Folge dessen erkrankte, so kehrte er nach Friesland zurück und vertauschte das Leben mit dem Tode. In seinem Vaterlande hinterliess er zwei Söhne, nämlich Johann und Thomas; von diesen stammte der berühmte Cardinal Zeno ab.

Zechinn war von unternehmendem Geiste und hatte immerhin die Hoffnung nicht aufgegeben, die Herrschaft auf dem Meere sich zu verschaffen. Er hatte nun die Absicht, des Markus Antonius sich zu bedienen; diesem trug er auf, mit einigen Schiffen gegen Westen zu segeln, weil nämlich in dieser Richtung reiche und dicht bevölkerte Inseln von seinen Fischern entdeckt worden waren. Diese Entdeckung beschrieb Markus Antonius in einem Briefe an seinen Bruder Karl, dessen Inhalt hier im Auszuge gegeben wird.

Vor sechsundzwanzig Jahren segelten von hier aus vier Fischerboote, welche durch einen ungeheuren Sturm mehrere Tage auf dem Ocean umhergetrieben wurden. Als endlich der Sturm sich legte, entdeckten sie eine Insel, mit Namen Estotiland, von Friesland mehr als eintausend Meilen gegen Westen gelegen. Eines der vier Schiffe litt an der Küste dieser Insel Schiffbruch; die sechs Seeleute wurden von den Insulanern gefangen genommen, in eine sehr schöne und volkreiche Stadt geleitet und vor den Fürsten geführt, der viele Dolmetscher kommen liess, um mit ihnen zu sprechen. Nur einer aus diesen, der auch lateinisch sprach und ebenfalls durch Zufall auf diese Insel gekommen war, konnte sie verstehen. Als der Häuptling vernahm, wer sie wären und woher sie kämen, wünschte er, dass sie im Lande blieben, was sie auch fünf Jahre lang gezwungener Weise thaten und sie erlernten die Sprache (der Eingebornen).

Vorzüglich einer von ihnen, der viel von der Insel gesehen hatte, berichtete, dass sie eher kleiner war als Island, aber viel fruchtbarer, in der Mitte sei ein hoher Berg, von welchem vier Flüsse sich ergiessen, die das Land bewässern. Die Einwohner sind sehr verständig und besitzen viele Künste. In der Bibliothek des Königs fand man verschiedene lateinische Bücher, welche damals nicht verstanden wurden. Die Leute hatten ihre eigene Sprache und Schrift, und im Süden war ein grosses volkreiches Land, sehr reich an Gold. Der auswärtige Verkehr war mit Engroveland, von woher sie Pelze, Schwefel und Pech bezogen. Sie pflanzten Korn und brauten Bier, welches eine Art von Getränk ist, das die nördlichen Völker gebrauchen, wie wir den Wein. Sie hatten Wälder von ungeheurer Ausdehnung und viele Städte und Dörfer. Sie bauen kleine Schiffe und fahren mit Segeln, aber sie kennen den Kompass nicht. Daher wurden diese Fischer in grösster Achtung gehalten und sie wurden mit zwölf Booten gegen Süden geschickt in ein Land, das Drogeo genannt wird. Nach einer gefahrvollen Reise langten sie dort an; aber die Einwohner

waren Anthropophagen und die Mehrzahl der Mannschaft
wurde verspeist. Der Fischer und seine Leute wurden
aber verschont, weil sie mit Netzen zu fischen verstanden
und sie wurden deshalb so hoch geschätzt, dass ein
Nachbarhäuptling gegen ihren Herrn Krieg führte, um
sie in seinen Besitz zu bringen, und da er der Stärkere
war, war er erfolgreich. Auf diese Weise brachten sie
dreizehn Jahre zu, indem um sie gekämpft wurde und
sie während dieser Zeit nacheinander von mehr als fünfundzwanzig Häuptlingen gewonnen wurden. Im Laufe
seiner Wanderschaft gewann der Fischer viele Kenntniss.
Er beschreibt das Land als sehr gross und so zu sagen
als eine neue Welt, die Einwohner als sehr roh und
ungebildet. Sie gehen unbekleidet und leiden von Kälte,
aber haben nicht so viel Sinn, dass sie sich mit Fellen
bekleiden. Sie leben von der Jagd; aber da sie kein
Metall besitzen, so gebrauchen sie hölzerne Lanzen, an
welche sie scharfe Spitzen mit Sehnen befestigen. Sie
kämpfen tapfer und essen darnach die Ueberwundenen.
Gegen Südwest zu sind sie mehr civilisirt; dort ist das
Klima milder und daselbst haben sie Städte und Götzen-
tempel, in welchen sie Menschen opfern, die sie dann
verspeisen. In jenen Gegenden haben sie Kenntniss von
Gold und Silber.

Endlich entschloss sich der Fischer, wenn möglich,
in sein Vaterland zurückzukehren, was ihm auch gelang.
Er drang durch bis Drogeo, wo er drei Jahre verweilte,
bis Schiffe aus Estotiland zur Küste kamen und ihn als
Dolmetscher an Bord nahmen. Dann kehrte er nach
Friesland zurück und gab diesen Bericht über jenes
merkwürdige Land an Zechinn. Jetzt wurde eine Expedition ausgerüstet, um die Wahrheit der Aussagen des
Fischers zu erforschen. Da dieser Theil der Erzählung

vielleicht noch mehr Schwierigkeiten, als der vorhergehende, den Geschichtsforschern geboten hat, so lassen wir Zeno selbst erzählen:

Unsere grossen Vorbereitungen zur Reise nach Estotiland wurden in einer Unglücksstunde begonnen, denn drei Tage vor unserer Abreise starb der Fischer, der unser Führer sein sollte; nichtsdestoweniger wollte Zechinn das Unternehmen doch nicht aufgeben, sondern nahm als Ersatz des Fischers einige Matrosen, die mit ihm von jener Insel gekommen waren. Wir steuerten gegen Westen und kamen auf einige Inseln, die zu Friesland gehörten, und nachdem wir bei Sandbänken vorbeigesegelt waren, kamen wir nach Ledovo, wo wir sieben Tage verweilten, um uns zu stärken und um die Flotte mit dem Nothwendigen zu versehen. Von hier fuhren wir weiter und gelangten am 1. Juli zur Insel Ilofe; und da uns der Wind sehr günstig war, segelten wir weiter; aber nicht lange darauf, als wir auf offener See waren, entstand ein grosser Sturm, der uns acht Tage lang fortwährend in Arbeit hielt und uns umhertrieb, so dass wir nicht mehr wussten, wo wir waren, und eine beträchtliche Anzahl der Schiffe verloren ging. Als endlich der Sturm nachgelassen hatte, sammelten wir die zerstreuten Schiffe und segelten mit einem günstigen Wind, bis wir Land im Westen entdeckten. Wir steuerten gerade darauf zu und erreichten einen ruhigen und sichern Hafen, in welchem wir eine unendliche Zahl bewaffneter Leute sahen, die wüthend nach dem Strande eilten, bereit, ihre Insel zu vertheidigen. Zechinn liess ihnen Zeichen des Friedens geben und sie schickten zehn Männer zu uns, welche zehn Sprachen redeten, aber wir konnten keinen verstehen, ausser einen, der von Island war. Dieser, vor unsern Fürsten gebracht und gefragt

um den Namen der Insel, und welches Volk sie bewohne
und wer der Regent sei, antwortete, die Insel werde
Icaria genannt und alle Könige, die daselbst regieren,
heissen Icari, nach dem ersten Könige, der, wie man
sagt, ein Sohn des Daedalus, Königs von Schottland,
war, welcher diese Insel eroberte und seinen Sohn als
König hier liess und ihnen diese Gesetze gab, die sie
bis zur gegenwärtigen Zeit bewahren; als er weiter
segelte, wurde er in einem Sturm von den Wellen begraben; und zum Andenken an seinen Tod ward die
See Icari genannt; sie seien zufrieden mit dem Zustande,
in welchen Gott sie gesetzt, und würden weder ihre
Gesetze ändern, noch einen Fremden zulassen . . . . . .
. . . . Als daher Zechinn sah, dass er nichts
ausrichten könnte und dass, wenn er auf seinem Ver-
suche beharren würde, die Flotte an Lebensmitteln Noth
leiden würde, so zog er bei einem günstigen Winde
ab . . . .

Fünfundzwanzigstes Kapitel.

Untersuchung der Reisen und Abenteuer der Brüder Zeni.
— Der Pole Johann von Kolmo in Labrador 1476. —
Christoph Columbus bespricht sich mit einem Benediktiner,
der mit den früheren Entdeckungen Amerika's bekannt ist,
im Jahre 1477.

Die Erlebnisse dieser venetianischen Seefahrer sind manchem Geographen und Geschichtsforscher wie ein zweites Mezzoramia des Gaudenzio di Lucca vorgekommen. Nikolaus Zeno schreibt, er habe im Jahre 1380 an der Küste der Insel Friesland Schiffbruch gelitten und sei vom Fürsten der Friesen, Namens Zechinn, gut aufgenommen worden. Zeno's Beschreibung von Friesland stimmt keineswegs überein mit der bekannten Provinz Hollands gleichen Namens, denn wir wissen, dass die Friesen, ein altes deutsches, zum Stamme der Istävonen und Ingävonen gehöriges Volk,

heute noch wie ehedem zwischen dem Mittelarme des
Rheines, der Nordsee und Ems wohnen. Ihre Geschichte
kennt keinen Fürsten Namens Zechinn. Der isländische
Geschichtschreiber Arngrim in seinem Werke Specimen
Islandiae im zweiten Theile und Andere nach ihm trugen
kein Bedenken, die Gebrüder Zeni-Geschichte als Fabel
zu erklären. Auf der andern Seite hingegen finden wir
Geographen, wie den Camaldulenser Maurus von Venedig,
der auf seiner Weltkarte im Jahre 1459 die Inseln und
Länder, welche die Zeni Brüder bereist hatten, mit denselben Namen bezeichnete; dasselbe that Ortelius in
seinem Theatrum orbis terrarum 1570. Isaak Pontanus
nahm die ganze Beschreibung in seine Geschichte Dänemarks auf, ebenso findet man sie im zweiten Bande der
Reisebeschreibungen des Ramusius; Plazidus Zurla, in
seinem Werke über Marko Polo und andere venetianische
Reisende, spricht im zweiten Bande hauptsächlich über
die Genealogie der Familie Zeno und über die ursprünglichen Handschriften der fraglichen Geschichte. Sowohl
in Privat- wie auch in den Regierungs-Archiven Venedigs
findet man den Stammbaum der Patrizierfamilie Zeno,
wodurch nachgewiesen wird, dass im Jahre 1381 drei
Brüder Zeno lebten: Karl, Nikolaus und Markus Antonius, von denen der erstere zu Hause blieb, während die
beiden andern in fremden Landen lebten. Marco Barbaro
verfasste ein authentisches Werk, das im Jahre 1536 im
Druck erschien, über die Genealogie der venetianischen
Patrizier, und im siebenten Bande finden wir, dass
Antonius Zeno im Jahre 1390 seine Erlebnisse auf den
nördlichen Inseln selbst beschrieben, dass er vierzehn Jahre
auf der Insel Friesland verlebt, vier Jahre davon noch
mit seinem Bruder Nikolaus. Einer seiner Nachkommen,
Namens Nikolaus Zeno, geboren 1515, zerriss, als er

noch ein Knabe war, die Papiere, deren Werth er nicht kannte; jedoch einige Briefe, die gerettet wurden, setzten ihn später in den Stand, die Geschichte zu beschreiben, wie sie im Jahre 1558 im Drucke erschien als Anhang zu dem Werke Dei commentarii del viaggio in Persia di M. Caterino Zeno etc. fol. 51 seq. Er fand in seinem Palaste auch eine Karte, halb vermodert vom Alter, auf dieser waren die Reisen angemerkt. Er zeichnete die Karte nach und ersetzte unglücklicher Weise nach eigenem Lesen das Fehlende, wie er glaubte, dass die Erzählung es erfordere.

Die Geschichte der Zeni-Brüder bietet Schwierigkeiten verschiedener Art für den Geschichtsforscher wie für den Geographen. Nebst der mangelhaften geographischen Kenntniss im vierzehnten Jahrhundert begegnen wir hier noch einer andern Schwierigkeit in der Aussprache oder vielmehr Orthographie der Länder- und Personen-Namen, wie sie ein Südländer schreibt nach dem Gehör, wie er sie aus dem Munde der Normänner vernommen hat.

Ausserdem wird dem Leser auffallen, dass die Zeni Brüder nicht blos einen bombastischen Stil gebrauchen, sondern auch eine Uebertreibung sich zu Schulden kommen lassen, die beinahe an Don Quixotte erinnert.

Wir gehen also zur Erklärung selbst über und beschreiben die vorzüglichsten Namen der Personen, Inseln und Länder.

Friesland.

Die Insel Friesland der Zeni-Brüder ist unbezweifelt eine der Faröer-Inseln. Der Name Friesland muss aus Ferrisland entstanden sein, denn so wurden die Inseln von englischen Seefahrern genannt. Auf alten Karten finden wir das Wort geschrieben: Uresland und Vresland.

Zechinn.

Schon im Jahre 1784 machte Johann Reinbold Forster, ein hervorragender Begleiter des Kapitän Cook, darauf aufmerksam, dass Zechinn oder Ziehmni die Schreibart des Südländers für Sinclair war. Heinrich Sinclair war zur fraglichen Zeit Earl oder Fürst von Orkney und Caithness, und die geographischen, politischen und geschichtlichen Umstände stimmen damit überein, dass wir in Zechinn den Earl Sinclair erkennen werden. Die Thatsachen sind folgende: Die Herrschaft (Fürstenthum) des Heinrich Sinclair war in die Familie gekommen durch die Heirath seines Vaters Sir William Sinclair von Roslyn, mit Isabella, Tochter und Miterbin des Malise, Earls von Strathearn, Caithness und Orkney.

Der letzte scandinavische Earl war Magnus, der Vater der ersten Gemahlin des Malise. Im Jahre 1379 erlangte Heinrich Sinclair vom Könige von Norwegen die Anerkennung seines Anspruches auf die Grafschaft, aber seine Einsetzung wurde mit strengen Bedingungen belastet. In den „Orcaden" des Torfaeus pp. 174—177 haben wir Sinclair's eigene Erklärung der Lehenstreue gegen den König von Norwegen, worin er sich verpflichtet, diese Bedingungen zu halten. In diesem Documente begegnen wir folgender Stelle: „Wir versprechen auch, dass, da wir bereits durch unsern Herrn und König zum Grafenthum und zur vorgenannten Herrschaft befördert wurden, dass unser Vetter Malise Sperre von seinem Anspruche ablassen und seinen Titel selbst auf die genannten Länder und Inseln ablegen muss, so dass unser Herr der König, sein Erbe und seine Nachfolger keine Verdrüsslichkeiten oder Belästigungen von ihm oder seinen Erben zu ertragen haben."

Weiter unten, Seite 178 des genannten Werkes ist verzeichnet: „Im Jahre 1391 der Earl von Orkney erschlug den Malise Sperre auf Shetland nebst sieben andern."

Estlanda. Island.

Estlanda, der Schauplatz des Kampfes in der Zeno-Erzählung, ist unbezweifelt Shetland, wie von dessen Lage zwischen den Faröer-Inseln oder Zeno's Friesland und Norwegen erscheinen muss. Ueberdies bildeten die Shetland-Inseln auch einen Theil der Grafschaft des Sinclair, die ihm von Malise Sperre, seinem scandinavischen Vetter bestritten wurde. Es geht demnach aus der ganzen Zusammenstellung deutlich hervor, dass die gegebenen Berichte des Zeno nichts Anderes ausdrücken wollen oder sollen, als dass Sinclair in der That von seiner Herrschaft Besitz ergriff, die er bereits von Rechtes wegen sich angeeignet hatte. Unterdessen aber erschien sein Streit mit seinem scandinavischen Nebenbuhler in den phantasiereichen Ideen des Zeno als ein Krieg gegen Norwegen selbst.

Island und die sieben aufgezählten isländischen Nebeninseln des Zeno bedeuten wieder Shetland, die Hauptinsel mit der Gruppe von kleinern Inseln.

Engroveland; Engroneland.

Die Südländer sind geneigt, mehr Vokale als der Nordländer in den Wörtern zu gebrauchen, sie schliessen daher selten einen Eigennamen mit einem Consonanten und setzen häufig sie beim Aussprechen eines fremden Wortes, das sonst mit zwei Consonanten beginnen würde ein a oder e voran und selbst in der Mitte des Wortes, wo zwei Consonanten zusammenkommen, würden sie gerne einen Vokal einschieben. So that wenigstens Zeno, als er den Namen Grönland aussprach und schrieb Engroneland.

Wir haben authentische Berichte von Björn Jonäus und Ivar Bardson darüber, dass heisse Quellen Eigenthum eines Klosters in Grönland waren; allein sie geben an, dass dieses ein Kloster von Benediktinernonnen war. Dass das Kloster solchen Gebrauch von diesem Vortheile machte, wie Zeno beschreibt, lag nahe und war empfehlenswerth für die Inwohner des Klosters.

In unsern Tagen ist die Existenz von heissen Quellen, ungefähr fünfundzwanzig Meilen von Ounartok in Grönland, bekannt. Allein Jonäus erwähnt nichts von einem Kloster vom Predigerorden oder Dominikanern. Demungeachtet könnte ein solches Haus errichtet worden sein zwischen der Zeit von Jonäus und Zeno; in letzterem Falle aber würde man fragen, warum Ivar Bardson nichts davon meldet? — Nach Messenius kamen die ersten Dominikaner nach Scandinavien im Jahre 1220 und liessen sich auf der schwedischen Halbinsel Schonen nieder; von hier aus errichteten sie mehrere Häuser ihres Ordens in verschiedenen Theilen des Landes. Alte Geographen verzeichneten das Kloster St. Thomas an der Ostküste Grönlands beinahe im siebzigsten Breitengrad; da war es nicht zu wundern, dass die Gesundheit des venetianischen Sechelden von dem unwirthlichen Klima zu leiden hatte! Alzog (p. 695) in seiner Kirchengeschichte erwähnt die Existenz eines Dominikanerklosters in Grönland und weist dabei auf den Bericht des holländischen

Kapitäns Hani vom Jahre 1280. Jedenfalls konnte die Klosterkirche Hani's nicht dem Dominikaner-Heiligen, Thomas von Aquin, gewidmet sein, der im Jahre 1274 starb und im vierzehnten Jahrhundert kanonisirt wurde. Nikolaus war so erstaunt über die Erfindung der Mönche, mit Dampf zu heizen, zu kochen und backen und selbst Blumen und Gemüse durch Anwendung des heissen Wassers zu ziehen, die sonst nur in südlichen Ländern gedeihen, dass er auf die barocke Idee kam, die Einwohner Grönlands müssten all' diese, wenigstens für ihn, bis dahin unerhörten Erfindungen als die Wirkung von Zauberei oder doch als etwas Uebernatürliches halten, und daher wollte er sich die Achtung und Verehrung erklären, in welcher die Mönche bei der Bevölkerung standen. Es entging hier seiner Beobachtung, dass die Einwohner die Mönche als ihre geistlichen und leiblichen Wohlthäter betrachteten, die ihnen die Tröstungen unserer heiligen Religion spendeten und sie praktisch unterwiesen, in dem unwirthlichen Klima eine bequeme Heimath sich einzurichten. Nikolaus, der bei seinem reichen und mächtigen Fürsten Zechinn, dem Herrn so vieler bewohnten und unbewohnten Inseln, in so hohem Ansehen stand, scheint in seinem Ehrgefühle unschmeichelhaft berührt worden zu sein, als er wahrnahm, dass die Grönländer den armen Mönchen mehr Achtung zollten als ihm, dessen Stammregister vielleicht einen Folioband füllte und der sich des Privilegiums erfreute, einen Drachen oder Löwen im Schilde zu führen.

Estotiland. Drogeo.

Estotiland, welches nach der Aussage der Fischer mehr als eintausend Meilen gegen Westen von Friesland lag, finden wir auf alten Karten als Festland verzeichnet und zusammenhängend mit Labrador. Ortelius gibt Estotiland als den nördlichsten Theil des amerikanischen Continentes an. Drogeo, von einigen Geographen auch dus Cirnes genannt, wird als eine Insel bezeichnet. Die Erfahrungen der Fischer beziehen sich augenscheinlich auf drei Gegenden Amerika's, von denen zwei mit den Namen Estotiland und Drogeo bezeichnet werden, während das dritte noch weiter gegen Süden liegt, dessen Namen nicht erwähnt wird. In dem ersteren finden wir unverkennbar unser oben beschriebenes Weinland mit einer alten scandinavischen Ansiedelung, dessen Burgomaster Zeno in grossmüthiger Uebertreibung mit dem hohen Rang eines Königs beschert. Desbalb werden wir auch auf keine Schwierigkeit stossen in der Erklärung des Vorhandenseins von lateinischen Büchern in der Bibliothek dieses Königs, denn wir erinnern uns an die authentischen Berichte, die oben angegeben wurden, dass zwei Bischöfe, nämlich Bischof Eirich von Grönland und Bischof Johann von Island nach Weinland kamen, und dass wohl anzunehmen ist, dass sowohl vor als mit und nach den Bischöfen noch andere Kleriker, Priester und Mönche in diese Gegenden Amerika's gekommen seien.

Drogeo.

Drogeo lag weiter südlich. Hier begegneten sie uncivilisirten Cannibalen, von denen ein Theil ihrer Schiffsmannschaft getödtet und verspeist wurde.

Endlich kamen sie noch weiter gegen Südwest in ein sehr grosses Land, gleichsam in eine neue Welt. Der Name dieses Landes ist nicht genannt. Hier waren Städte und Tempel, Menschenopfer, der Gebrauch von

Gold und Silber. Dieses letztere Land stimmt überein mit Mexiko oder auch der Halbinsel Jukatan, wo wir jetzt noch die Ruinen vorcolumbischer Städte bewundern, wie die von Uxmal, Kabah, Mayapan und anderer.

Icaria.

Die letzte Expedition möchte fast geeignet sein, die Neugierde des Lesers noch mehr zu spannen. Leider aber schreibt Anton Zeno an seinen Bruder Karl in Venedig, dass die Fahrt in einer Unglücksstunde unternommen wurde. Der zum Führer der Expedition bestimmte Fischermann starb drei Tage vor ihrer Abfahrt, und Zeno sagt, sie hätten einige Matrosen desselben zu Piloten oder Lootsen genommen. Nach einem heftigen Sturm aber hatten sie nicht nur ihren Curs verloren, sondern diese ganze vielversprechende Entdeckungsreise scheint in der That einen Circulus vitiosus auf dem atlantischen Ocean gemacht zu haben, bis sie endlich ein Land entdeckten, das den mythologischen Namen Icaria trug, dessen König, sowie die See, die ihre Küste bespülte, Icari genannt wurden. Dieser Theil der Erzählung möchte mehr noch als ein anderer geeignet sein, als fabelhaft zu erscheinen; allein es wird genügen, uns an die obige Bemerkung über die Aussprache des Südländers zu erinnern und wir werden bald finden, dass diese letzte Reise uns in ein altes trautes Heim bringt, nämlich nach Kerry in Irland.

Der Pole Johann von Kolmo.

Franz Lopez von Gomara, so genannt nach der canarischen Insel gleichen Namens, auf welcher er geboren wurde, hat nach seiner Aussage Vieles über Norwegens Beschaffenheit und Schifffahrt von Olaus dem Gothen erfahren. Ihm verdanken wir in seiner allgemeinen Geschichte von Indien bei der Beschreibung von Labrador die Nachricht, dass Männer aus Norwegen mit dem Piloten Johann Scolvo dahin gekommen seien. Nach ihm hat Herrera dieselbe Bemerkung wiederholt, den Piloten aber als Juan Seduco bezeichnet. In einem späteren Berichte, in welchem Estotiland und Labrador als zwei zusammenhängende Länder betrachtet werden, wird zuerst auf die Fischer aus den Faröern und die Gebrüder Zeni verwiesen, die gegen das Ende des vierzehnten Jahrhunderts nach Estotiland gekommen sein sollen, denen man die Kenntniss des nördlichen Meeres verdanke, dann aber, dass sechsundachtzig Jahre nach der Fahrt der erwähnten Brüder der Pole Johann Scolvus im Jahre 1476 über Norwegen, Grönland und Island hinaus gegen den Nordpol gefahren sei und in Estotiland gelandet habe. Erst Lelewel hat den wahren Namen des Piloten, der diese Fahrt geleitet hat, bekannt gegeben und auf ihre Bedeutung für Columbus aufmerksam gemacht.

Johann von Kolmo, einem kleinen Flecken in Masovien, wurde nach ihm vom König Christian I. von Dänemark im Jahre 1476 abgesandt, um die mit Grönland unterbrochenen Verbindungen wieder aufzunehmen. Er soll auch nach Labrador und bis zu der Strasse gekommen sein, welche später den Namen Hudsonstrasse erhielt. Das Gerücht von dieser Entdeckung soll sich bis nach Spanien und Portugal verbreitet haben (54). Diese Fahrt des Johann von Kolmo ist, abgesehen davon, ob ihre Kenntniss zu den Entdeckungen des Columbus etwas beigetragen habe, deshalb von Wichtig-

keit, weil sie als die erste jener Fahrten nach dem
Norden erscheint, welche seither in rascher Aufeinanderfolge zu dem Zwecke gemacht wurden, um eine Durchfahrt bis zur Behringsstrasse aufzufinden.

Christoph Columbus bespricht sich mit Bischof Magnus von Skalholt, dem früheren Abt von Helgafellen, im Jahre 1477.

In den Archiven Islands finden sich authentische
Berichte, welche bezeugen, dass Columbus im Februar
des Jahres 1477 von England aus mit einem Bristoler
Kauffarteischiffe in dem Hafen von Hvalfjardareyr, im
südlichen Theile Islands, landete. Dieser Hafen wurde
zu jener Zeit häufig von fremden Kaufleuten, vorzüglich
aus England und Irland, besucht. Columbus selbst sagt,
dass im genannten Jahr das Meer, welches die an Grösse
beinahe England erreichende Insel umspült, ganz frei
vom Eise war. Die Schifffahrt nach Island ist zu dieser
Jahreszeit nicht so ganz ungewöhnlich, aber doch ist
die gänzliche Abwesenheit von Schnee sehr selten, was
aber vom genannten Jahre 1477 durch die öffentlichen
Acte Islands bestätiget wird, dass es in den Monaten
Februar und März wirklich vorgekommen sei. Bei dieser
Gelegenheit hat sich ein merkwürdiges Zusammentreffen
ereignet.

In jener Zeit gehörte unter die hervorragenden Persönlichkeiten des Clerus von Island der Benediktiner
Magnus, Sohn des Egolv, der im Jahre 1470 zum Abte
des Klosters Helgafellen ernannt wurde. Helgafellen
konnte in Bezug auf die frühesten Entdeckungsreisen
der Isländer nach Amerika der klassische Boden genannt
werden, weil eben aus dieser Gegend die ersten Entdecker und Ansiedler Grönlands und anderer Theile

Amerika's auswanderten. Hier wohnte Kjartan, der
Sohn des Björn Asbrandson, welchen Gudleiv Gudloegson in Grossirland oder Huitra manna land gefunden;
hier wurden die kostbaren Geschenke aufbewahrt, welche
Björn an Kjartan und Thurida durch Gudleiv aus Grossirland übersandt hatte.

Im Jahre 1475 wurde Magnus, Abt des Benedik-
tinerklosters Helgafellen, durch Erzbischof Gauto von
Drontheim zum Bischof von Skalholt consecrirt. Im
Winter des Jahres 1477 ereignete es sich nun, dass
Bischof Magnus eben zu der Zeit auf der Halbinsel
Hvalfjardareyr die Kirchen seines Sprengels besuchte,
als Christoph Columbus in dem Hafen gleichen Namens
gelandet hatte. Der Bischof traf mit Columbus zusammen
und sie conversirten in lateinischer Sprache. Columbus
erkundigte sich über die westlichen Länder (wie Rafn
in der Vorrede zu den amerikanischen Alterthümern
S. XXIV, Note 1, sagt: ei, de occidentalibus terris inter-
roganti); allein welche Auskunft und überhaupt welche
Antwort Bischof Magnus dem Columbus darüber gegeben,
bleibt noch Hypothese, da darüber bisher in authentischen
Schriften nichts gefunden worden ist. Allerdings sind
der Gründe viele, die uns die Annahme erlauben, dass
Bischof Magnus dem Columbus von den bekannten Entdeckungen der westlichen Länder durch die Isländer
erzählt habe, denn daran lässt sich nicht zweifeln, dass
der Bischof selbst hinreichende Kenntniss von diesen
Entdeckungen hatte, da sie nicht blos einen Theil der
Geschichte seines Vaterlandes bildeten, sondern auch
zur mündlichen Tradition der Bewohner von Helgafellen
gehörten und überdies in den schriftlichen Chroniken
des Klosters, dessen Abt er gewesen war, aufbewahrt
wurden (55). Es wäre überflüssig, hier nochmals darauf

hinzuweisen, dass die Kenntniss von der Existenz der westlichen Länder, also Amerika's, keineswegs auf Island beschränkt blieb. Schon der ungenannte Schriftsteller, der den Kreuzzug der Dänen nach dem heiligen Lande im Jahre 1185 geschildert hat, bemerkt, wo er von der Stadt Bergen spricht, dass hier Handelsschiffe aus Island, Grönland, England, Deutschland, Dänemark, Schweden und Gothland einlaufen.

U. I. O. G. D.

Anmerkungen.

1) Rafn, „Samling af de i Nordens Oldkrifter indeholdte Efterretninger omde Gamle Nordboers Opdagelsesreiser til Amerika fra dit 10 de til det 14 de Allrhundrede = Antiquitates Americanae sive Scriptores Septentrionales rerum Ante-Columbianarum in America. Edidit Societas Regia Antiquariorum Septentrionalium." — Hafniae 1837.

2) Lambecius (Lambek) Origines Hamburgenses ab anno 808 ad annum 1292, 2 vol. in 4^0 1652 & 1661. 2 Bde. in Fol. 1706 & 1710. Den Triapostolatus Septentrionis gab er obigem Werke nach einem sehr alten Manuscripte der Benediktiner von Corbei als Anhang bei.

3) Wir benützten folgende zwei Ausgaben: a) Historia Ecclesiastica continens Religionis propagatae gesta, quae a temporibus Caroli Magni usque ad Imp. Henricum IV. acciderunt in Ecclesia non tam Bremensi, quam vicina Septentrionali ferme universa, scripta ante annos quingentos a

M. Adamo quodam, loci istius Canonico. Nunc recens mendis vindicata, et a tenebris in lucem vocata, studio et opera Andreae Severini Vellei. Hafniae MDLXXIX; b) M. Adami Scriptoris Vetusti Hist. Eccl. edidit Joachimus Joh. Maderus. Helmstadi MDCLXX.

4) Thorlak der vierte Bischof von Skalholt, geweiht im Jahre 1118, und Ketill oder Chetill, der zweite Bischof von Holum, geweiht 1122. S. J. Messenii Scandia illustrata a Joanne Peringskiöld, Stockholmiae 1700. tom. IX. lib. V. Cap. XXII.

5) Wir benützten und citiren Snorri Sturleson mit steter Vergleichung von Rafn's Werk grösstentheils nach folgender Ausgabe: Heimskringla, Eller, Snorri Sturleson's Nordländske, Konunga, Sagor, sive Historiae Regum Septentrionalium ante saecula quinque (i. e. saec. XI.) conscriptae, quas ex Manuscriptis codicibus edidit Versione gemina, notisque brevioribus et illustravit Joh. Peringskiöld, Stockholmiae MDCXCVII.

6) Thormod. Torfaci Historia Norvegiae; Hafniae 1711, tom. IV. lib. I. Cap. XXVII.

7) Die Geschichte Vinlands wurde theils noch zur Lebenszeit der Betheiligten, theils bald nach ihrem Tode, aber noch von ihren Zeitgenossen geschrieben. Die ursprünglichen Dokumente der Geschichte des Eirich und der des Karlsefne müssen von verschiedenen Händen stammen, denn sie ergänzen sich insoferne, als die eine Urkunde Umstände erwähnt, welche in der andern fehlen.

8) Lanigan, Ecclesiastical History of Ireland. III. ch. 20.

9) Dicuili O. S. B., De mensura Orbis terrae, ed. C. Walchenaer, Paris 1807, cf. pag. 30. 38 et sequ.

10) Gronlandia antiqua seu Veteris Gronlandiae descriptio, ubi coeli marisque, terrae locorum et villarum situs, animalium terrestrium aquatiliumque varia genera, gentis origo et incrementa, status politicus et ecclesiasticus, gesta memorabilia et vicissitudines ex antiquis memoriis, praecipue Islandicis, qua fieri potuit industria collecta, exponuntur. Authore

Thormodo Torfaeo rerum Norvegicarum historiographo regio. Havniae 1715. Dieses Werk sowie das über Vinland vom nämlichen Autor gehört zu den typographischen Seltenheiten.

11) Es muss mithin eine gewaltige Veränderung des Klima's in Grönland vorgegangen sein. Die Ursache hievon wird auf den Umstand zurückgeführt, dass in den ersten Jahren des fünfzehnten Jahrhunderts das Eis an der Ostküste Grönlands sich so sehr anhäufte und festsetzte, dass es eine Landung unmöglich machte und die Temperatur bedeutend herabstimmte. An der Westküste gingen ausser den klimatischen noch andere Veränderungen vor; dieselbe liegt jetzt beträchtlich tiefer, als es vor Jahrhunderten der Fall war, auch jetzt noch ist das Terrain im Sinken begriffen, so dass die Mährischen Brüder selbst die Pfähle, an denen sie ihre Boote befestigten, landeinwärts versetzen mussten. Auch kann man Ruinen von alten Bauwerken unter dem Wasserspiegel sehen. Diese Senkung hat eine Ausdehnung von etwa sechshundert Meilen von Igalitho Firth bis Diska Bai.

12) Petri Lambecii origines Hamburgenses I. p. 35 & 36. Mabillon, Acta SS. O. S. B. sacc. IV. part. II. p. 121 & 123. Erpoldi Lindenbrogii Syntagm. Script. Sept. p. 143 & 144. Beide Dokumente findet man auch als Beilage zur Kirchengeschichte des Adam von Bremen in der Helmstädter Ausgabe von 1670; ferner bei Pontanus und Messenius l. c.

13) Ueber diesen hochverdienten Mann, eine der lieblichsten und interessantesten Erscheinungen seines Zeitalters, vergleiche man die klassische Monographie, mit welcher Tappehorn dem Heiligen das längst verdiente Monument aere perennius gesetzt hat. „Leben des heiligen Ansgar, Apostels von Dänemark und Schweden, und die Geschichte der Verbreitung des Christenthums im scandinavischen Norden von Tappehorn. Münster 1863.

14) Dieses Diplom findet sich mit andern auf den Norden bezüglichen Dokumenten als Beilage in der Helmstädter Ausgabe der Kirchengeschichte Adam's von Bremen vom Jahre 1670.

15) Münter, Kirchengeschichte von Dänemark und Norwegen II. Bd. S. 100.

16) Wolter, Chronica Bremensis ap. Meibom, Scriptores rerum germanic. II. p. 25.

17) Joannis Messenii Scandia illustrata a Joanne Peringskiöld, Stockholmiae 1700. tom. I. pp. 63. 68. 76. tom. II. p. 87.

18) Bussaeus, in ed. Schedarum Arii Polyhistoris p. 32. cf. Historie af Danmark 2. p. 75. Rafn p. 358.

19) Rerum Danicarum Historia Libr. X. Amsterdami 1631. Autore Joh. Isacio Pontano p. 97.

20) Torfaei, Gronl. antiq. Cap. III. p. 16.

21) Die päpstliche Bulle für die Vereinigung s. b. Krantz, Metropolis I. 38. & 39.

22) Messenii Scandia illust. tom. IX. lib. IV. Cap. 1. p. 59.

23) Vergleiche Seite 11.

24) Han war lika wiger med bägge Händer, stiutandes med twene spiut tillika. Heimskringla Part. VI. Cap. XCI. pp. 311 & 312.

25) Tappehorn, Leben des heiligen Ansgar S. 259.

26) Wikinger wurden damals sowohl die Dänen wie die Norwegen oder überhaupt die Normänner genannt; und da sie mit Vorliebe Seeräuberei trieben, erhielt der Name Wikinger auch diese Nebenbedeutung.

27) Hunguraka sive historia primorum quinque Skaltholtensium in Islandia Episcoporum; historia Pauli Episcopi et narratio de Thorwaldo Peregrinatore. 8. Hafniae 1778.

28) Torfaei, Vinlandia antiq. Cap. VIII. p. 32.

29) Messenii, Scandia illustr. tom. II. lib. I. cap. XXIII.

30) Torfaei Vinlandia Cap. XVI. p. 71.

31) Krantz A. Rerum Germ. hist. cl. Regn. Aquil. Frankfurti 1583. p. 479.

32*) Torfaei Gronlandia antiq. Cap. XXX. p. 241.

32**) Nikolaus Breakspear, geboren in England, trat in

den Benediktinerorden im Kloster St. Rufus bei Avignon, dessen Abt er später wurde. Die Mönche verklagten ihn wegen seiner Strenge bei Eugen III., dieser aber erhob ihn zum Cardinal und im Jahre 1154 wurde er einstimmig zum Papste gewählt.

33) Messenii Scandia illustr. tom. II. p. 2. Huitfeld Chronic. ecclesiast. Torfaei Gronl. Cap. XXIX. p. 239. Pontani Rev. Dan. N. 50. p. 222. Die Namen der zwölf Bischöfe, siehe Messenii tom. II. p. 2.

34) Die Reihenfolge der Erzbischöfe von Drontheim, denen die Bisthümer von Island und Grönland untergeordnet waren, findet man bei Messenii Scandia illustr. tom. IX. lib. V. Cap. XVII.

35) Codex Flateyensis, Col. 850. ap. Torfaei Gronl- Cap. XXX. p. 242.

36) Torf. loc. cit. p. 243.

37) Torf. loc. cit. Cap. XXX. p. 241.

38) Torf. Hist. Norvegiae tom. IV. lib. IX. Cap. VIII. p. 478.

39) Zurla Placido Ab. Di Marco Polo e degli altri Viagg. Venez. Venezia 1818. vol. 1. Cap. V. p. 63.

40) Messenii Scan. ill. tom. IX. lib. V. p. 65.

41) Rerum Danicarum, Auctore J. J. Pontano, Historia libris X. unoque tomo ad domum usque Oldenburgicam deducta. Amstelodami, Anno 1631. Nr. 40. pag. 509.

42) Torfaei Gronl. antiq. Cap. XXXII. p. 260.

43) Rafn Antiq. am. pp. 308—316.

44) Heimskringla. Part. VI. Cap. 105.

45) De situ Daniae, pag. 37. cf. Torfaei Vinlandia Cap. XV. p. 66 et sq. Adam Brem. lib. IV. 38.

46) Rafn Antiqu. Am. p. 214. B.

47) Loco cit. p. 448 u. Torf. Vinl. Cap. XXIX. p. 239.

48) Torf. Vinl. Cap. XVI. p. 74. Gronlandia Cap. XXIX. p. 240.

49) Rafn Antiq. Am. p. 319.

50) Martyrologium des Benediktinerordens v. P. Petrus Lechner O. S. B. Augsb. 1855. S. 43.

Der heilige Benedikt und seine Orden von Abt Martin O. S. B. N. Y. u. Cin. Benziger 1874. S. 119.

51) Adam Brem. L. II. Hist. Eccles. cap. 63 p. 33. coll. 1. III. cap. I. Cassell. Joh. Phil. Observatio historica de Fris. navig.

52) J. de Laet. ad dissertat. Hug. Grotii. Amstelodami 1643. pag. 137. Hakluit ap. Purchas et relat. ab Horn. lib. I. cap. 2. fol. 23.

53) Rafn p. 416. Gronlandia antiq. Cap. V. pp. 27. 28.

54) Lelewel géographie du moyen âge. Breslau 1852. T. III. u. IV. Nr. IV. pag. 106. Kunstmann S. 48.

55) Nordisk Tidsskrift for Oldkyndighed. II. 25. Finnus Magnusenius 1. c. p. 127 & 167.

I.

Stammtafel des Are Marson.

Quellen: Islendingabok Arii Multiscii c. 12; Landnama II. 14. 18. 22. III. 12. Njals Saga c. 101. 114. u. s. w. S. Rafn Antiqu. Am. Appendix.

I. Stammtafel des Are, Sohn des Mar, Enkel

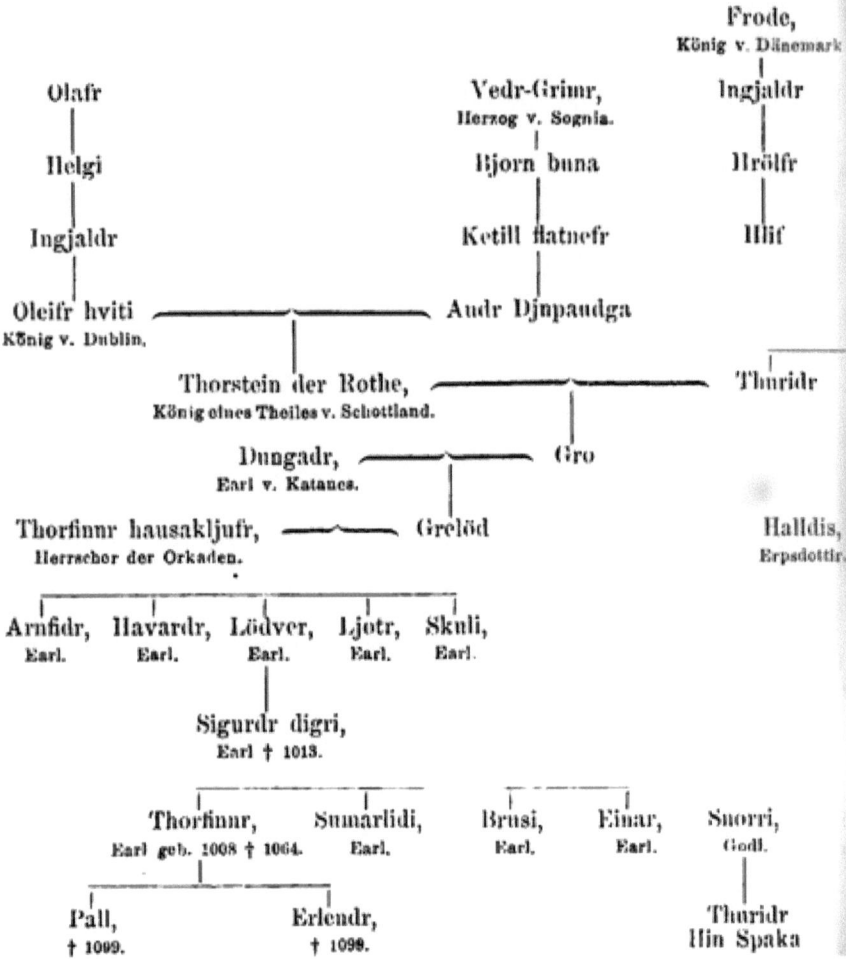

des Sigurd, des Herrschers der Orkney-Inseln.

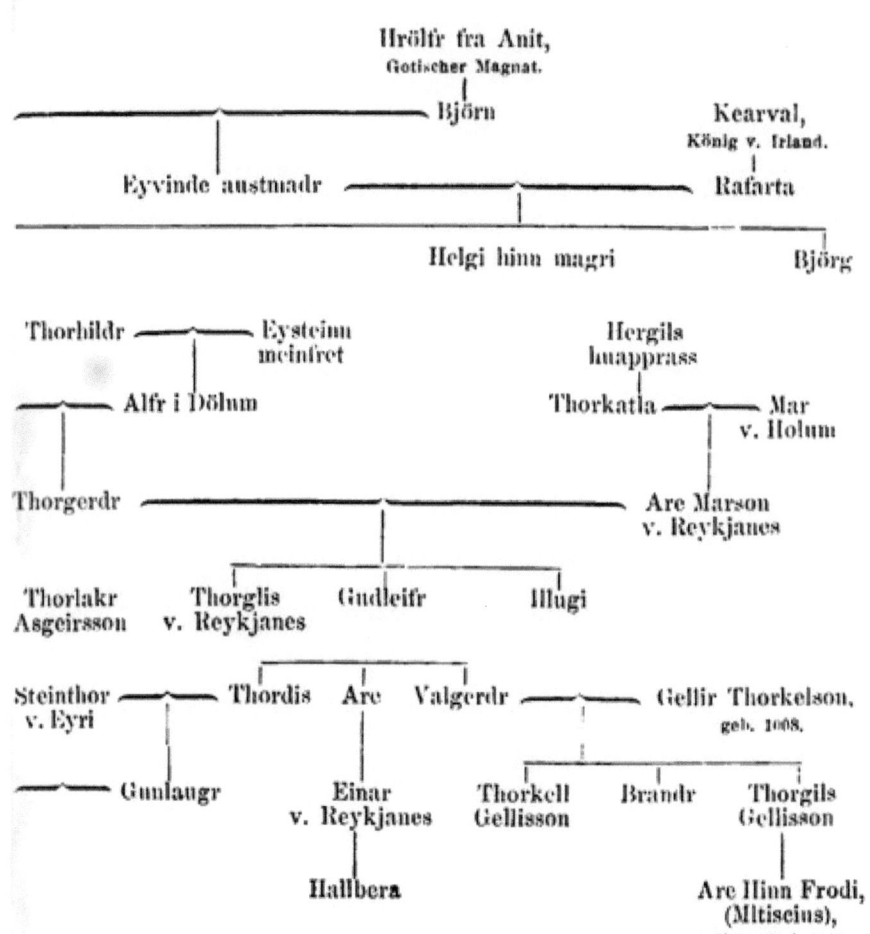

II.

Stammtafel des Leif und des Thorwald, der Söhne Eirich's des Rothen.

Quellen: Thattr Eireks renda c. 1. p. 7—8; c. 3. p. 20. Saga Thorfinn's Karlsefne c. 1. p. 87; c. 2. p. 89—90 u. s. w. ap. Antiqu. Am. Appendix.

II. Geschlechtsreigster des Leif und des

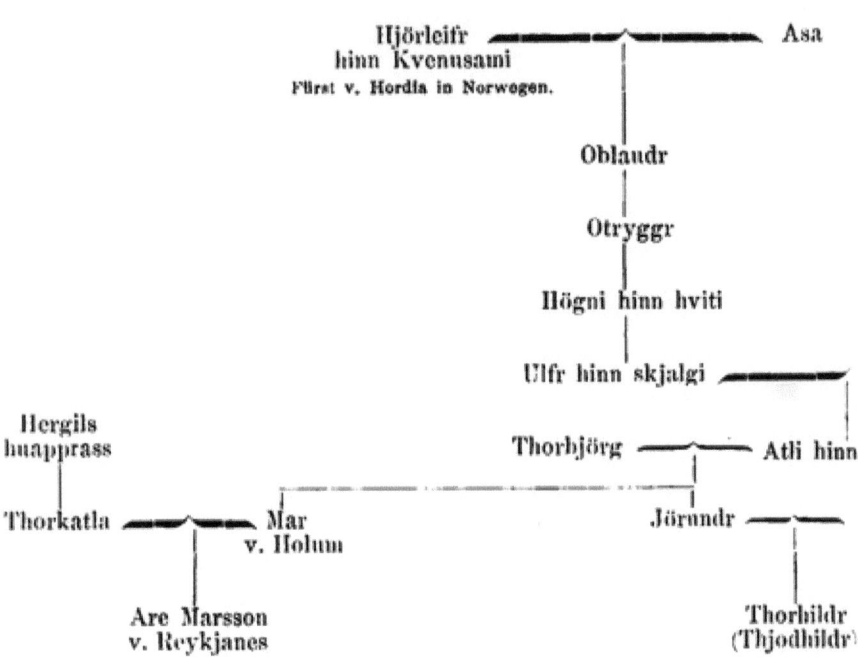

Thorwald, der Söhne Eirich's des Rothen.

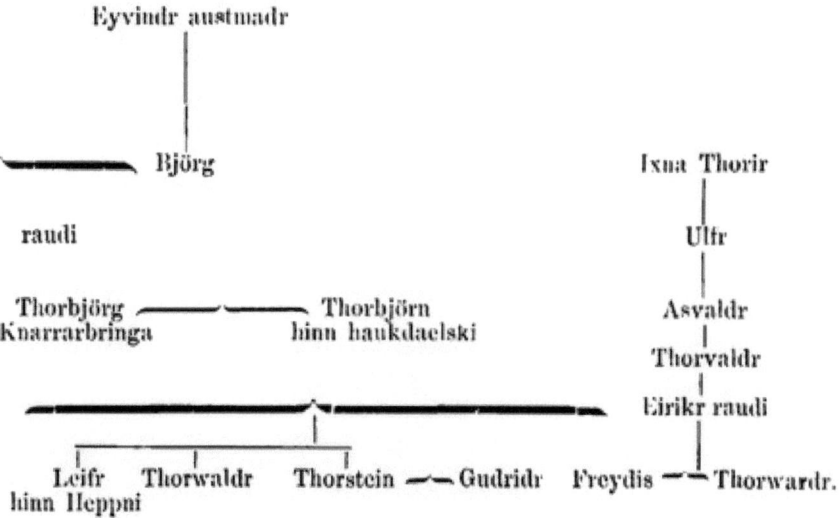

III.

Stammtafel des Thorfinn Karlsefne und der Gudrida.

Quellen: Groenlendinga-Thattr c. 5. p. 55; c. 7. p. 75—76. Saga Thorfinn's Karlsefnis c. 1. p. 84—88; c. 3. p. 96; c. 15. p. 166—167 u. s. w. S. Appendix II. zu Antiqu. Am.

III. Geschlechtsregister des Thorfinn

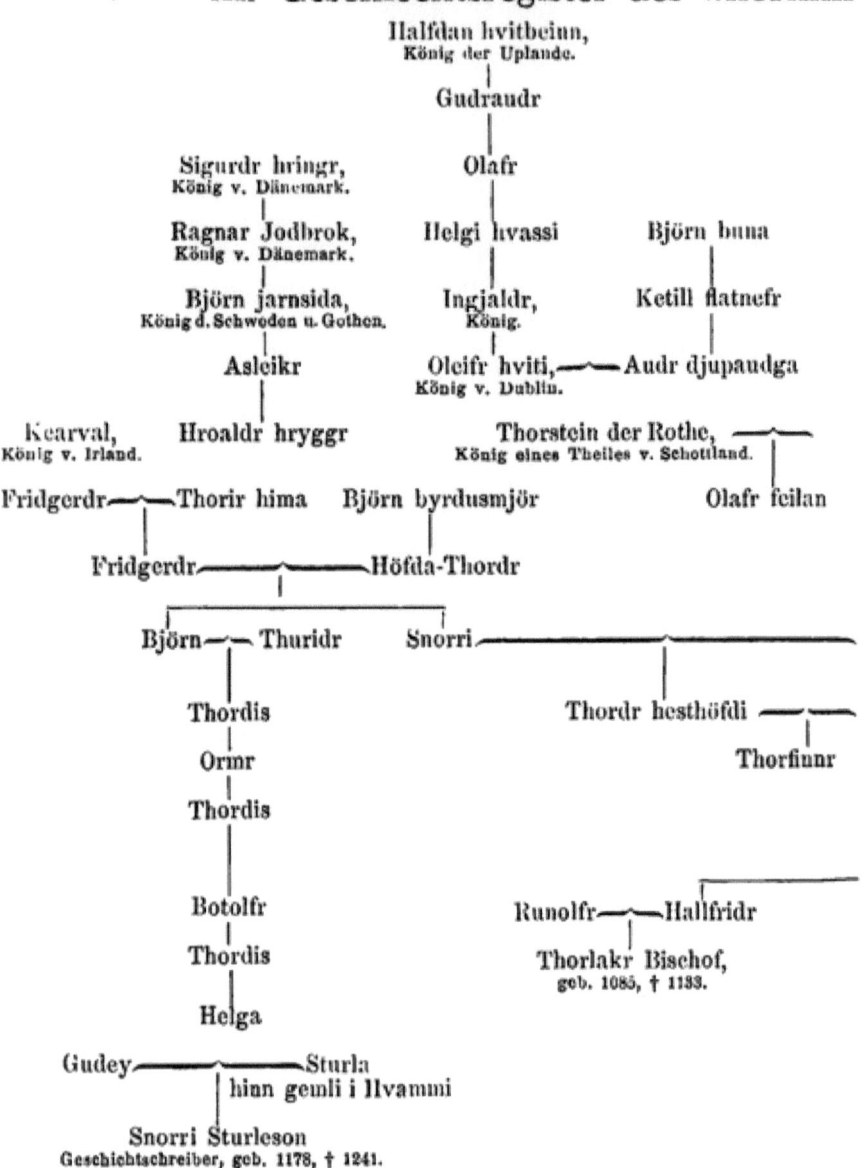

Karlsefne und der Gudrida.

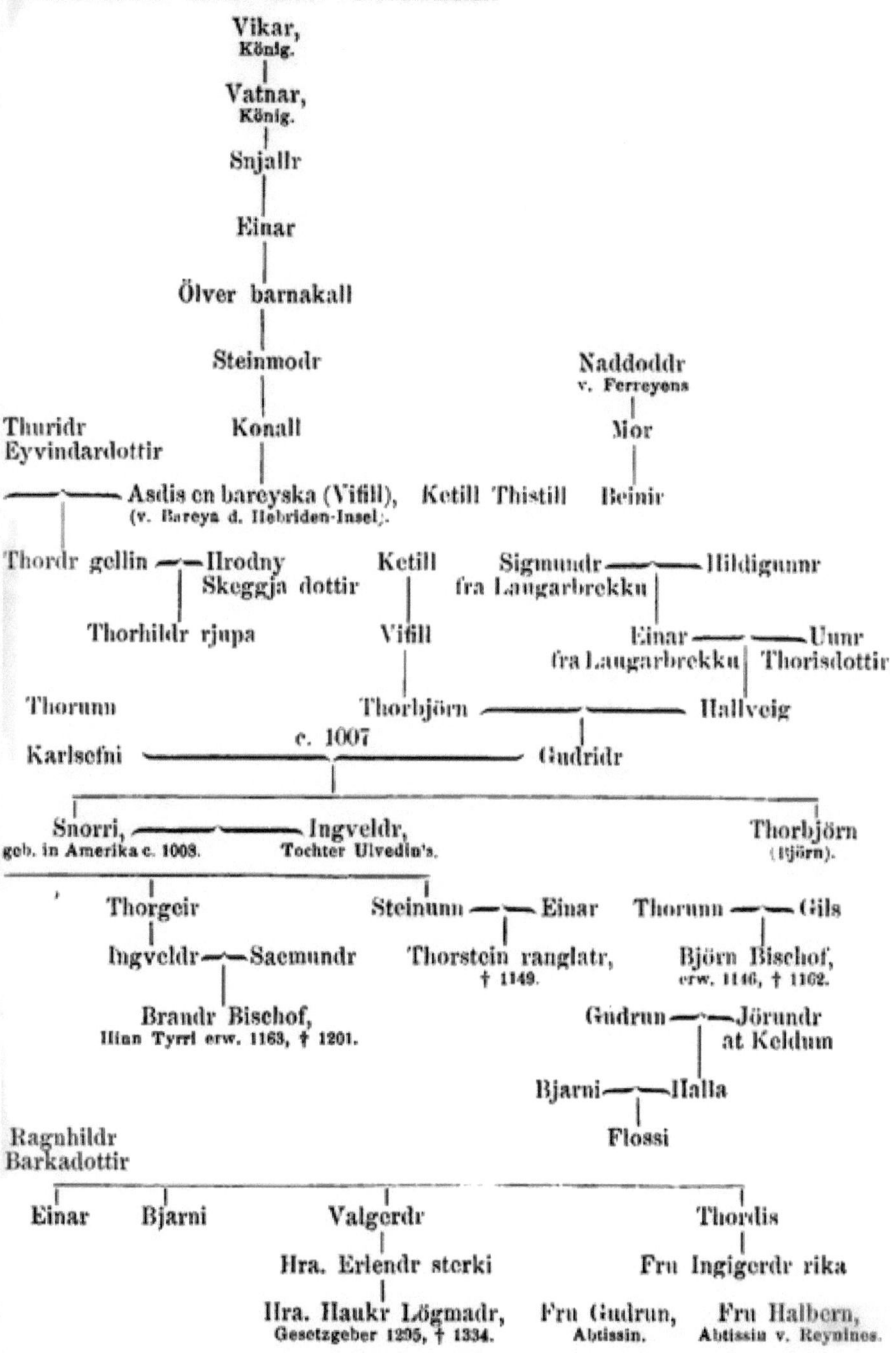

IV.
Stammtafel des Bischofs Thorlak und des Limerikfahrers Rafn.

Quellen: Landnama II. 21. V. 11. Hungrvaka c. 10. Kristni Saga c. 2. 13. u. s. w. Antiqu. Am. App. III.

IV. Geschlechtsregister des Bischofs

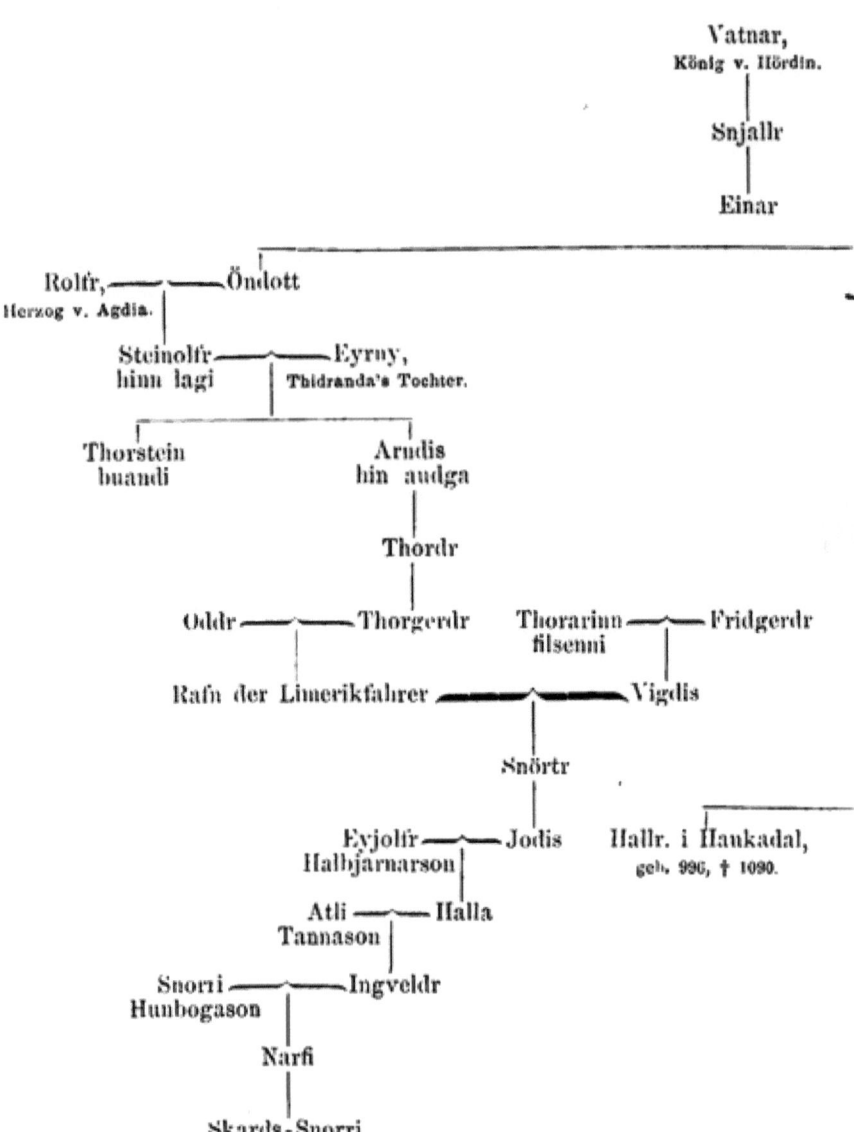

Thorlak und des Limerikfahrers Rafn.

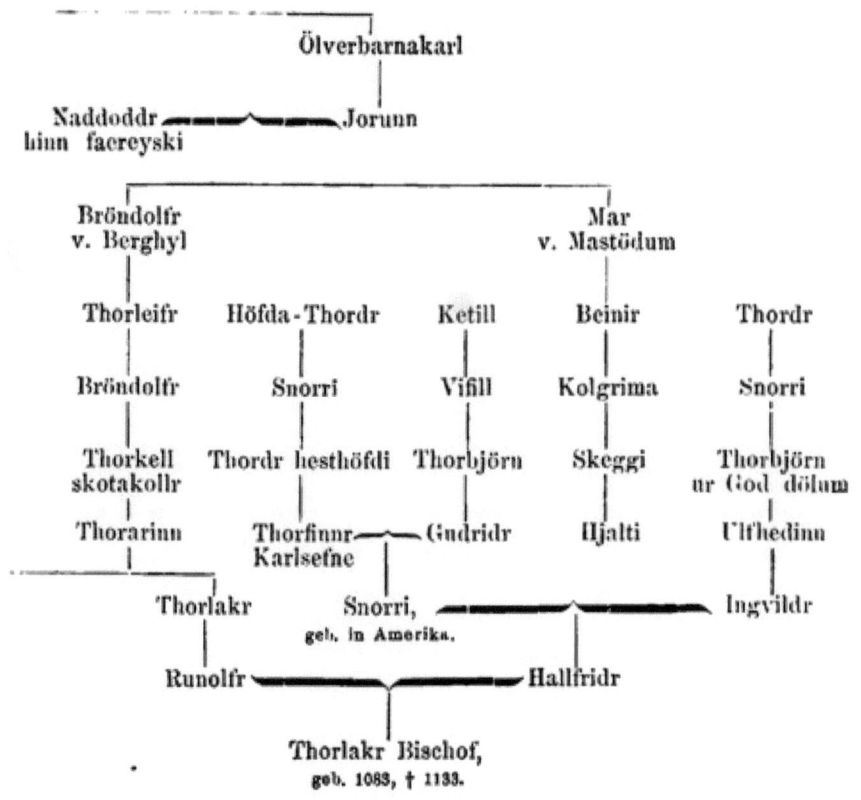